PATRICIA PENOT

4 ÉTAPES et JE LÂCHE PRISE !

OBJECTIFS | EXERCICES | BILANS

J'APPRENDS, J'APPLIQUE, JE MAÎTRISE

les tutos

Harmonie SOLAR

SOMMAIRE

COMMENT UTILISER CE TUTO ?

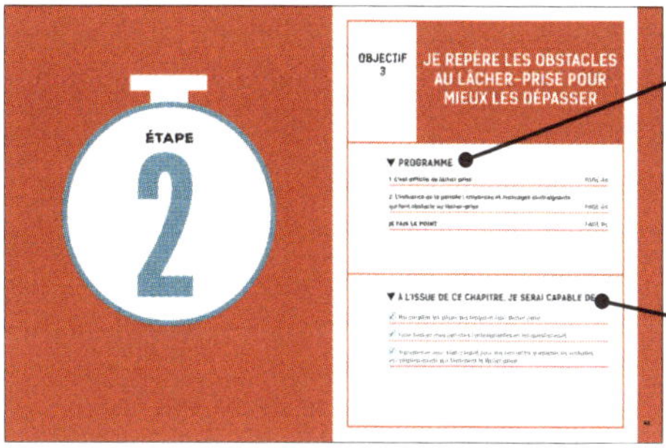

Le programme : la prévisualisation de votre parcours de formation à chaque étape.

Les compétences : toutes les aptitudes que vous aurez acquises à l'issue de l'étape.

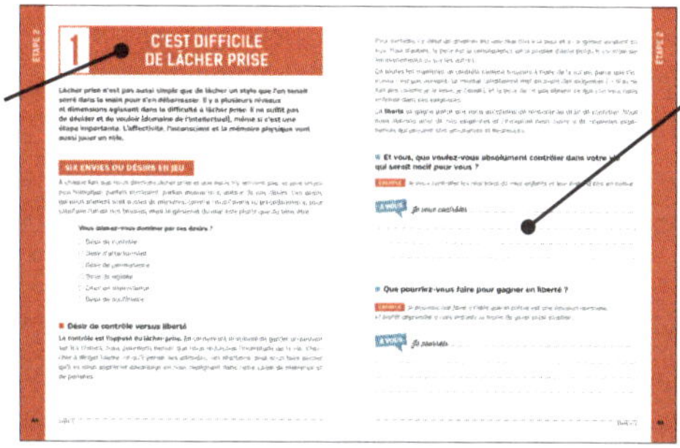

Les objectifs : deux objectifs par étapes, touchant aussi bien au domaine des connaissances qu'au domaine des attitudes et des comportements ou des capacités et des habiletés.

Le cadre conceptuel : citations, exemples, autobilans mais aussi exercices pratiques vous guideront pas à pas dans votre apprentissage. Une méthode sous forme d'atelier qui permet d'assimiler chaque étape en découvrant, en pratiquant et en appliquant.

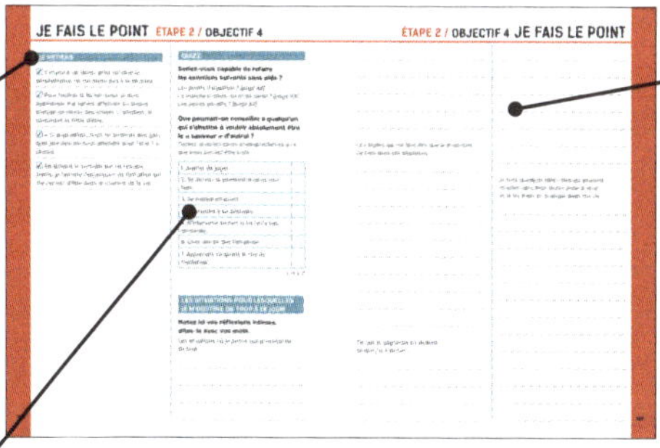

Je retiens : les points forts du chapitre résumés en quelques lignes.

Mon bilan : l'autoévaluation de votre progression à la fin de chaque étape, à l'aide de questions ciblées.

Quizz : le check-up pour évaluer vos acquis et tester la solidité de vos connaissances.

PRÉFACE DE FRÉDÉRIC LENOIR

Je n'oublierais jamais le jour où, sans doute pour la première fois, j'ai savouré de manière consciente les vertus du lâcher-prise. J'avais rendez-vous pour déjeuner dans un restaurant parisien. Ne trouvant pas de place de parking, je laissai ma voiture sur un emplacement réservé aux livraisons. En sortant du restaurant, je réalisai avec stupeur que ma voiture avait disparu. Un commerçant m'expliqua qu'elle avait été mise à la fourrière… qui se trouvait évidemment à l'autre bout de Paris. Je sentis alors monter en moi un mélange de colère et d'exaspération. Ma bonne humeur fondait pour laisser place une irritation d'autant plus vive que mon emploi du temps de l'après-midi était très serré. Soudain, une pensée surgit : « Tu ne vas pas laisser cette contrariété te pourrir le reste de la journée, d'autant que c'est toi qui as pris le risque de mal garer ta voiture. » J'ai alors pris la décision d'accepter la situation. Non pas seulement de la subir, mais de m'en servir pour travailler sur moi. En un instant, j'ai décidé de lâcher prise, et mon début de mauvaise humeur a laissé place à un immense éclat de rire. J'ai annulé deux rendez-vous pour aller chercher ma voiture à la fourrière et je suis resté d'humeur joyeuse tout le restant de la journée. Comme l'a si bien expliqué Spinoza, la joie vient du perfectionnement de notre être : chaque fois que je grandis, que je progresse, un sentiment de joie m'envahit. Ce petit incident a eu deux conséquences très positives dans ma vie. La première, plutôt minime, c'est que j'ai vendu ma voiture pour ne plus circuler qu'en transports en communs ou en taxi dans la capitale. La seconde, décisive, c'est que j'ai commencé à cultiver de manière systématique la pratique du lâcher-prise, et ma vie en a été transformée.

Je connais Patricia Penot depuis des années. C'est une amie chère et une excellente thérapeute. Je suis donc particulièrement heureux de préfacer ce remarquable petit livre sur le lâcher-prise. Précis et rigoureux sur le fond, ludique et pédagogique dans sa forme de livre-atelier, cet ouvrage permettra à chacun de comprendre et d'appliquer cette notion fondamentale qui aide à vivre. Parce qu'il nous permet d'accompagner le mouvement permanent et imprévisible de la vie, le lâcher-prise nous fait gagner en liberté intérieure et en sérénité. Il nous libère des rigidités de notre mental et de notre ego, qui se sont édifiés pour nous protéger, mais au prix d'une aliénation au poids de nos expériences traumatiques passées. Comme le montre fort bien Patricia Penot ici, la pratique du lâcher-prise nous permet de vivre pleinement dans l'instant présent et dans l'acceptation de ce qui est. Elle est action joyeuse et non résignation triste. Elle se cultive jour après jour et aiguise notre discernement : qu'est-ce que je peux changer ? Qu'est-ce qui est inéluctable ? Elle nous déstabilise et nous demande de poser des actes de courage et de confiance en la vie, mais elle nous récompense au centuple en nous apportant joie, liberté et sérénité. Ce n'est pas un hasard si le lâcher-prise – ou « détachement », pour les bouddhistes, « flexibilité », pour les taoïstes, « abandon à la providence », pour les croyants des religions monothéistes – est présenté dans toutes les grandes traditions spirituelles de l'humanité comme la voie royale vers la sagesse et la paix de l'âme. Le défi le plus grand est encore sans doute d'arriver à le pratiquer dans l'horizon d'une spiritualité purement laïque. Patricia Penot nous en donne ici les clés. Il n'y a plus qu'à se mettre au travail : suivez le guide !

Combien d'images du passé portons-nous encore aujourd'hui ? Combien d'histoires tristes nous relient-elles encore à « l'avant » ? Combien de situations nous encombrent-elles, combien de rêves non réalisés, d'espoirs non réciproques, auxquels nous nous accrochons ? Toutes ces valises de linge non blanchi tapissent en permanence le sol de notre espace intérieur car, pour notre inconscient, la linéarité du temps n'existe pas. Tout ce que nous maintenons présent en nous-mêmes consciemment, volontairement ou involontairement, que nous ne laissons pas partir, fait toujours partie de notre « instant du présent ». Toutes les portes que nous n'avons pas fermées nous maintiennent dans notre passé pour certaines, dans la nostalgie ou la douleur pour d'autres, dans notre futur, le pessimisme ou l'échec pour d'autres encore.

Tout ce sur quoi nous nous obstinons, tout ce que nous retenons nous encombre et nous alourdit, nous empêche d'avancer !

Nous tenons à ce que nous voulons réaliser, à ceux que nous aimons, même à ceux qui nous ont blessés. Nous tenons à ce que nous ne comprenons pas, à nos questionnements, à nos pensées, à nos espoirs et à nos rêves. Nous tenons à nos situations, même à celles qui stagnent, qui ne pourront jamais se réaliser, ou encore à celles dans lesquelles nous souffrons. C'est comme si nous avions appris à contenir toujours en nous ce que nous exigeons, ce que nous désirons, voulant à tout prix mener, diriger et contrôler notre histoire.

L'idéal serait donc de laisser partir tout ce qui n'est plus utile maintenant, pour ne pas être limité dans la réalisation de soi, être détourné du fameux « instant présent », ou encore vivre un moment de paradoxe intérieur, une confusion, un trouble en soi.

Pas facile aurait-on envie de dire, car l'art du lâcher-prise n'est ni inné ni naturel !

C'est vrai. Et pourtant, le lâcher-prise peut s'apprendre puisqu'il est présent dans la catégorie des capacités : nous pouvons le développer, le faire croître et grandir, si nous en avons envie, pour aller vers la plénitude intérieure !

Une expérience en quatre étapes

Dans un premier temps, vous allez réfléchir autour du concept du lâcher-prise, afin de différencier ce qu'il est de ce qu'il n'est pas. Comprendre son intérêt permet d'oser changer la perception de cette pensée et peut procurer une vraie motivation pour s'exercer à sa pratique quotidienne, de manière que cet état devienne naturel.

Un deuxième temps va vous permettre de repérer vos obstacles personnels au lâcher-prise afin de les dépasser. Repérer le moment où maintenir une situation dans votre vie n'a plus de sens peut être aidant pour accepter de lâcher prise de cette situation.

Dans un troisième temps, vous allez pouvoir mettre en place une véritable démarche intérieure favorisant le lâcher-prise. En tenant compte des différentes dimensions de soi (physique, émotionnelle et psychique), ce sera le moment de pratiquer des exercices favorisant centrage en soi, apaisement émotionnel et vision « zen ».

Enfin, le quatrième temps vous permettra de gagner en souplesse par rapport au mouvement de la vie, à savoir quand être acteur de votre vie et quand accueillir et laisser faire. Ce gain vous aidera à manifester davantage votre autonomie personnelle, avec comme grand bénéfice une amplification de la foi en vous-même et dans ce que la vie peut vous apporter de meilleur.

Comment utiliser le livre ?

- **Ce livre est construit comme un atelier** que vous pouvez suivre à votre rythme, en choisissant vos moments selon votre emploi du temps. Chaque étape offre une stratégie pédagogique à votre mesure.
- **Deux objectifs sont donnés par étapes,** touchant aussi bien au domaine des connaissances (le savoir) qu'au domaine des attitudes et des comportements (le savoir-être) ou des capacités et des habiletés (le savoir-faire).
- **Les éléments de réflexion sont apportés par le cadre conceptuel.** Des autobilans sont proposés pour faire le point avec vous-même, pour favoriser l'observation et l'étude de soi nécessaires à l'apprentissage du lâcher-prise. Des citations, des histoires contées ou de petites scènes permettent de nourrir votre imaginaire, donnant ainsi une connaissance intuitive du sujet abordé dans le chapitre. Vous découvrez, vous apprenez !

- **Vous réalisez différents exercices** issus de la sophrologie, de la relaxation, de l'EFT (technique d'apaisement émotionnel) ou de méthodes utilisant le symbolisme. Respiration, visualisation, méditation, mandalas, écriture introspective vous aident à acquérir des manières de voir et de faire autrement. Vous pratiquez, vous appliquez !
- **Enfin, la partie « Je fais le point »** qui conclut le chapitre vous permet d'assimiler les connaissances et les compréhensions, en mettant en avant ce qui a été acquis, les découvertes faites, les progrès réalisés et ce qu'il reste à faire, toujours en restant positif sur le résultat et l'espoir de réussite. Vous transformez, vous progressez ! Vous testez vos apprentissages dans votre réalité quotidienne. Vous maîtrisez !

La folie, c'est de faire toujours la même chose et de s'attendre à un résultat différent.
ALBERT EINSTEIN

CONSEIL

Le secret de la maîtrise de toute chose passe par la pratique de cette chose !

Pratiquez vos exercices un petit peu tous les jours (pendant 10 à 20 minutes), pour permettre au chemin neuronal de se créer.

L'apprentissage d'un nouveau comportement ou d'une nouvelle attitude, selon les études faites en neuroplasticité, se réalise par un entraînement pratique régulier sur une période minimale d'environ 30 jours. Comme un pianiste pratique quotidiennement son instrument pour devenir un virtuose de son art, un entraînement assidu de votre part portera ses fruits, vous permettant de devenir un virtuose du lâcher-prise.

ÉTAPE 1

OBJECTIF 1

JE CHANGE MA PERCEPTION DU LÂCHER PRISE

▼ PROGRAMME

▼ À L'ISSUE DE CE CHAPITRE, JE SERAI CAPABLE DE

- ☑ Comprendre ce qu'est le lâcher-prise
- ☑ Repérer les idées qui m'empêchent de lâcher prise
- ☑ M'installer dans un nouvel état d'esprit facilitant le lâcher-prise

1 J'ÉCLAIRCIS LA DÉFINITION DU LÂCHER-PRISE

Je compare la vie aux cordes d'un instrument de musique, qu'il faut tendre et relâcher pour qu'elles rendent un son plus agréable.

Démophile

Réfléchir autour du concept du lâcher-prise permet d'apprendre à différencier ce qu'il est de ce qu'il n'est pas. Les idées ou les images fausses figées dans l'inconscient bloquent l'avancée des situations de souffrance dans lesquelles vous vous trouvez.

MA DÉFINITION

Que veut dire pour vous « lâcher prise » ? Notez quelques idées-clés.

____

____

____

____

____

____

____

____

Ensuite, prenez le temps de lire le chapitre suivant afin de compléter ou de revoir votre définition personnelle.

QUE NOUS DIT L'ÉTYMOLOGIE

Lâcher prise ! Deux mots qui veulent n'en faire qu'un…

Étymologiquement, « **lâcher** » veut dire « laisser aller », « délier ce qui retient ». En référence à une expression du XIIe siècle, *lascier les resnes,* par analogie au cavalier qui dirige sa monture, indique qu'on lâche le pouvoir de contrôler quelque chose pour obtenir une liberté d'action et de décision plus grande.

Le terme évolue dans les années 1300 vers la signification d'un acte d'abandon, d'une capitulation, vers le fait de ne plus s'accrocher à quelque chose, puis il prend de l'ampleur à partir de 1550 avec le fréquentatif *laxare,* en relation avec l'idée d'étendre, d'élargir, d'ouvrir son horizon, de cesser de jouer un rôle.

Le terme « **prise** » est en relation, dès le XIIIe siècle, avec l'action de prendre ou de s'emparer. Avoir prise sur une chose fait penser que l'on peut modifier cette chose. Être en prise avec soi implique un déchirement intérieur. Une « prise » se dit aussi d'une substance qui se coagule, indiquant une absence de mouvement, une inertie, une solidification.

De quoi devons-nous lâcher prise pour continuer d'être dans le mouvement de la vie ?

Fort des constats précédents, nous pouvons nous poser les véritables questions.

- Que devons-nous laisser partir ?
- Sur quoi devons-nous lever notre contrôle ?
- Que devons-nous abandonner ?
- Comment pouvons-nous faire pour ne pas rester dans le déchirement et la blessure ?

Selon le dictionnaire Larousse, le lâcher-prise est « un moyen de libération psychologique consistant à se détacher du désir de maîtrise ». S'inspirant de la psychanalyse, Gilles Farcet nous dit que nous devons lâcher prise de deux grandes illusions : celle de la séparation, impliquant le désir de contrôler l'autre pour qu'il ne nous échappe pas, et celle de la toute-puissance, nous engageant dans le désir de dominer le monde en allant parfois à contresens de ce qui est naturel.

Le lâcher-prise pourrait être...

- ☑ **Accepter** de ne plus vouloir s'approprier la réalité à tout prix, en voulant la contrôler et la changer.
- ☑ **Renoncer** d'ailleurs à la tentation de tout contrôler, les autres, les situations, les relations.
- ☑ **S'autoriser** pendant un moment à laisser aller ce qu'on tenait avec force.
- ☑ **Cesser de résister** à ce qui survient dans sa vie et laisser faire ce qui est.
- ☑ **Prendre de la distance** par rapport aux événements douloureux de sa vie.
- ☑ **Accueillir** le changement.
- ☑ **Faire acte de confiance et de foi** en la vie.

LE LÂCHER-PRISE, UN RENONCEMENT ?

Le terme « renoncement » est parfois préféré à « lâcher-prise ». Le fait de renoncer permet de revenir à soi, sans pour autant être malheureux, laissant ainsi la place à un espace dans lequel peut survenir l'imprévu. Pourtant, l'idée de renoncement est difficile parce qu'elle fait appel aux notions de séparation et de deuil.

Pourquoi accepter de se séparer...

- d'une source de satisfaction qui répond à ce que l'on pense être un de nos besoins ?
- d'un espoir que les choses vont finir par s'arranger d'elles-mêmes ?
- d'une « assurance tout risque », une garantie illusoire d'une absence de danger, un faux sentiment de sécurité ?

... même si l'objet ou le sujet de renoncement est davantage porteur de souffrance que de plaisir !

LE LÂCHER-PRISE ET L'INCONSCIENT

Les éléments d'une situation pour laquelle vous auriez à renoncer peuvent faire écho avec des éléments passés qui se logent dans votre inconscient, en relation à votre propre histoire (inconscient individuel) ou à celle de votre famille, de votre culture, de votre humanité (inconscient collectif).

Lâcher prise pourrait alors être associé à de nombreuses idées fausses, comme abandonner, tomber, échouer, se détacher, capituler, céder, mollir, s'affaiblir... Autant de termes du langage courant que vous pourriez penser être des synonymes, mais qui pourtant vous empêchent de lever vos propres résistances au « laisser-advenir ».

Vous avez probablement besoin de revoir vos idées et vos métaphores en relation avec cette représentation !

2 JE SORS DES IDÉES FAUSSES : CE QUE LE LÂCHER-PRISE N'EST PAS !

Le lâcher-prise,

ce n'est pas une résignation

Se résigner, c'est accepter de se laisser dominer par une réalité extérieure vécue et la subir à contrecœur, ce qui produit un sentiment intérieur d'injustice. La résignation relie passivité dans les actions à mener et révolte contenue, pouvant générer une profonde frustration en soi.

☑ c'est une acceptation

L'acceptation est l'élément précurseur du lâcher-prise. Lorsque vous reconnaissez que cette situation est présente dans votre vie, vous arrêtez pour un instant de lutter contre les événements. L'acceptation vous aide à apaiser la révolte intérieure suscitée par la différence entre le jugement de ce qui doit être selon votre propre cadre de référence et la réalité. En lâchant prise, vous acceptez de revoir la situation sous un autre angle. Vous acceptez librement de faire autrement et redevenez ainsi acteur de la situation. Vous vous permettez, en reconnaissant ce qui se joue en vous, de vous donner une direction nouvelle afin d'agir « pour le meilleur ».

EXEMPLE *Le chef de Marie veut changer l'organisation de son travail. Marie pense qu'elle n'a pas son mot à dire. Elle se **résigne** en faisant ce qu'il veut sans rien exprimer, mais elle contient en elle le mécontentement de son désaccord tout en s'accrochant à l'idée qu'il a tort.*

→ **En acceptant** l'idée que sa proposition peut être intéressante, en se calmant de son envie de le contrer dans sa proposition, Marie ouvre une possibilité d'améliorer ses conditions de travail.

Le lâcher-prise,

ce n'est pas un abandon

L'abandon est l'action de délaisser ou de se désintéresser d'un droit, d'un individu ou d'un bien. Vous ne vous préoccupez plus de ce qui peut se passer dans cette situation. Cela vous devient complètement indifférent. Vous vous laissez faire !

☑ c'est un retour au but premier

Lâcher prise ne vous fait, en aucune manière, abandonner ce qui est important à vos yeux. Il s'agit simplement de revenir à la « quintessence » de ce que vous recherchez, pour mieux ajuster l'itinéraire vers le but que vous souhaitez atteindre. Si vous devez abandonner quelque chose, c'est bien votre désir de contrôler. Ce qui est important, ce n'est pas tant le chemin parcouru pour réaliser un rêve que l'impact de la réalisation de ce rêve et la satisfaction que vous en retirerez une fois la sortie de l'impasse réalisée, une fois la situation angoissante dépassée.

EXEMPLE *Sylvie voudrait partir camper dans le désert, mais son compagnon ne veut pas. Elle* ***abandonne*** *l'idée de passer du temps avec lui. Elle décide de partir seule en vacances.*

→ Ou bien, **en revenant au but premier**, à savoir vivre et partager un moment de plaisir avec son compagnon, Sylvie s'ouvre à la discussion pour trouver une solution qui conviendra aux deux parties et qui lui offrira le bonheur qu'elle désire.

Le lâcher-prise,

ce n'est pas une faiblesse

La faiblesse vous oriente à penser que vous manquez de force ou de vigueur dans une situation donnée. Elle est souvent associée à un manque de solidité psychologique et émotionnelle.

☑ c'est une force morale

Lâcher prise implique l'utilisation de votre force morale car, souvent, l'objet sur lequel s'est portée votre attention semble si important à vos yeux et à votre cœur qu'il peut paraître difficile à relâcher. Vous avez donc consciemment à utiliser votre force morale pour accepter d'orienter votre pensée et votre vouloir vers une autre manière de vivre la situation, sans vous déposséder de votre personnalité.

→

EXEMPLE *Pascale est en colère contre son fils, Romain, qui ne fait jamais sa chambre. Elle considère qu'une chambre d'enfant doit toujours être bien rangée et ordonnée. Pour cela, tous les moyens sont bons, même s'il faut qu'elle soit toujours sur son dos. Lâcher prise de sa manière de faire serait pour elle une* ***faiblesse*** *inacceptable à ses yeux, même si elle se rend compte que son attitude n'engendre aucun changement dans le comportement de Romain. Elle a une idée très affirmée de son rôle de mère et de la manière d'éduquer un enfant.*

→ Si Pascale acceptait d'utiliser sa volonté, autrement dit **sa force morale,** pour lâcher prise de son « Sois parfait » qui se manifeste dans cette situation, elle se calmerait de sa colère et serait plus à même d'accepter l'idée qu'une chambre d'enfant ne peut pas être toujours parfaitement rangée. Elle pourrait aussi trouver d'autres stratégies pour que Romain réussisse, à terme, à ranger seul sa chambre. Être sur le dos de quelqu'un génère plus de pression pour ne pas faire qu'une véritable motivation à faire.

Le lâcher-prise,

ce n'est pas un échec

Échouer, c'est ne pas réussir une action voulue, ne pas surmonter un obstacle. En lâchant prise, vous pouvez penser que vous avez manqué votre but, surtout si vous avez été éduqué sur la nécessité de réussir tout et tout le temps. Ce sentiment d'insuccès peut susciter chez vous de la frustration et de la mésestime, considérant que vous avez raté ce sur quoi votre intention s'était focalisée.

Échouer veut aussi dire se retrouver perdu quelque part, immobilisé sur un fond de sable ou sur un écueil. En conservant la vision de l'insuccès, vous vous maintenez dans un immobilisme certain.

☑ c'est une ouverture vers le mouvement de la vie

Quand quelque chose tourne mal, la première réaction est souvent de vouloir poursuivre le chemin entamé malgré la difficulté, au risque de vous déconsidérer vous-même si vous vous arrêtez là.

Pourtant, le lâcher-prise représente un temps d'arrêt intéressant, revisitant les positions prises, les actions menées, pour faire le point. Cette réflexion produit une ouverture permettant de vous réorienter vers ce qui est vraiment important pour vous, afin de vous mener à un aboutissement favorable dans la réalisation de votre projet.

Elle vous permet de sortir d'une situation qui, à terme, pourrait se figer, pour vous remettre dans un mouvement nouveau de l'existence.
En vous adaptant aux circonstances de la vie, en recadrant positivement ce qui pourrait être perçu comme un « échec », vous suscitez finalement un regain dans votre estime personnelle.

EXEMPLE *Sylvain veut réussir son projet professionnel dans la relation d'aide à l'autre. Après avoir étudié différentes formes de société, il choisit de monter une SARL. Après un an d'exercice, il fait le constat que son entreprise ne fonctionne pas. Il s'acharne à vouloir continuer sous cette forme-là, considérant que s'il arrête* ***ce sera un échec.***

→ S'il lâche prise de l'idée de vouloir absolument continuer dans cette voie, il s'ouvre à une analyse différente de la situation. Il pourrait peut-être constater qu'il a placé son ambition trop haut pour démarrer, que les charges d'une SARL sont plus importantes qu'une installation en auto-entrepreneur. Il pourrait ainsi revoir sa position égotique, organisationnelle et financière, pour continuer à être dans l'activité choisie tout en se donnant davantage de chance de réussir. Sylvain s'ouvrirait ainsi à un **mouvement nouveau dans son activité.**

Le lâcher-prise,

ce n'est pas un manque de persévérance

Manquer de persévérance, c'est arrêter trop tôt un investissement, une action, une réalisation. Encore faut-il savoir délimiter ce « trop tôt », qui peut varier en fonction des situations rencontrées. Certaines croyances peuvent faire qu'il est difficile de lâcher prise avec facilité, comme celle que « patience et persévérance sont deux atouts lorsqu'on veut réussir dans la vie », ou encore que « vouloir, c'est pouvoir ».
Dans le premier cas, le manque de persévérance est relié à l'échec. Dans le deuxième cas, il est relié au manque de volonté. Il est donc impératif d'apprendre à repérer le moment où la patience doit s'arrêter, et la volonté se calmer, afin de ne pas continuer à engendrer de la souffrance pour soi.

☑ c'est un discernement

Persévérer est certainement un gage de réussite pour concrétiser ses rêves. La persévérance relie la netteté d'une intention, le désir de réaliser un projet, la foi dans ses capacités à le mettre en action, la précision du plan d'action, la coopération nécessaire pour obtenir un résultat favorable.

→

Mais à quel moment la persévérance devient-elle un attachement excessif et trop tenace à un résultat donné, et, par voie de conséquence, un vrai manque de lâcher-prise, avec toute la douleur que cela implique ? À quel moment êtes-vous davantage dans un entêtement, une obstination stérile, voire un acharnement de ce que vous voulez obtenir, malgré les difficultés rencontrées, par un trop grand parti pris, par esprit d'opposition ou par entêtement, plutôt que dans une saine persévérance ?
Discerner, c'est se donner des limites à ce qui est supportable à ses yeux et à son cœur, distinguer ce qui ne l'est plus, lorsqu'on se retrouve en prise avec des souhaits qui ne peuvent se réaliser aussi vite qu'on l'aurait voulu ou de la manière souhaitée.

EXEMPLE *Fabienne est amoureuse de Jean depuis plus d'un an. Elle espère qu'ils vont vivre ensemble. À chaque fois qu'ils se voient, ils passent de bons moments pendant quelques heures, puis chacun reprend sa route. Jamais Jean ne lui a fait miroiter qu'il avait envie de passer à une relation plus intime avec elle et, d'ailleurs, il n'a pas l'intention de s'engager dans une relation de couple durable. Fabienne attend et espère,* ***pensant que la patience et la persévérance dans la relation lui feront changer d'avis.*** *Elle ne veut pas lâcher prise, persuadée que les choses peuvent changer.*

→ En se donnant un délai maximal, dans lequel elle laisse de l'espace à la relation entre eux et la possibilité au point de vue de Jean d'évoluer, Fabienne **pourra discerner** quand la situation ne sera plus acceptable à ses yeux, afin de reconsidérer son désir initial.

Le lâcher-prise,

ce n'est pas une fuite ou un désengagement

Fuir implique l'idée de se soustraire et de se dérober à quelque chose, se désengager peut-être de ce que l'on pense être du domaine de « ses responsabilités ». Si le sens des responsabilités est très fort chez vous, le lâcher-prise peut ne pas être acceptable, quel que soit ce que vous vivez, générant de la culpabilité à l'idée de fuir vos « obligations ».

☑ c'est un investissement

En lâchant prise, vous vous soustrayez évidemment à quelque chose. Vous acceptez de vous retirer de l'excès, du nocif, du pénible, pour aller vers un inconnu dont vous ne maîtrisez pas tout, avec le risque d'erreurs que cela implique. Peut alors s'installer une forme de délivrance autour d'une obligation virtuelle que vous vous étiez donnée, mettant ainsi votre mental au repos de préoccupations qui n'ont pas lieu d'être. Vous pouvez vous investir, mettre de vous-même dans une action, une relation ou une situation autrement, dans le but d'accroître votre capital bien-être.

EXEMPLE *Michel se crée beaucoup d'obligations dans son métier. Il veut tout contrôler, tout vérifier pour que tout soit parfait, et a beaucoup de mal à déléguer. Or, le projet sur lequel il travaille nécessite un investissement fort de ses subordonnés, afin qu'ils adhèrent et se motivent à son application. Michel a beaucoup de mal* ***à se désengager partiellement*** *du projet afin que ses collègues trouvent leur place, sentant la culpabilité du travail mal fait monter régulièrement.*

→ S'il décide de lâcher l'obligation de la perfection, s'il accepte de ne pas tout maîtriser, il laisse un espace à ses coéquipiers pour qu'ils s'approprient le projet. Il leur permet **de s'investir**. Il laisse aussi une possibilité à la créativité commune de faire son œuvre. Il permet une nouvelle dynamique de groupe et gagne en cohésion d'équipe et en confiance mutuelle.

Le lâcher-prise,

ce n'est pas une infidélité à ses valeurs

Être infidèle consiste à trahir une vérité, à détourner l'attention de soi en faveur d'un autre. Être fidèle sous-entend un engagement à respecter en fonction d'une promesse qu'on s'est faite ou qu'on a fait à autrui, une loyauté envers et contre tout, ou une constance dans ses attitudes et ses comportements. Toute fidélité devrait être rompue si les valeurs sur lesquelles elle s'appuie ne sont plus dignes d'être suivies.

☑ c'est une loyauté envers soi

La question qui se pose dans le lâcher-prise est celle du moment où la fidélité à vous-même doit être reconfirmée. Reconnaître que vous êtes dans une erreur de jugement, une absence de liberté de penser, un attachement émotionnel dépendant ou encore en relation avec des valeurs qui ne vous correspondent plus, doit donner lieu à une nécessaire remise en cause. La plus grande infidélité dans laquelle vous pourriez vous retrouver, et source d'une très grande souffrance, est la déloyauté envers vous-même et envers la foi en vous-même.

EXEMPLE *Arthur s'est engagé auprès de Pascal, son ami, à l'aider à réussir son projet professionnel. Il a investi du temps, de l'argent, a donné de bons*

→

conseils, mais il a toujours l'impression de tirer la charrette pour que le projet avance. Pascal vit la vie de manière très cool, prend son temps pour faire les choses. Il pense qu'il est important de tout prévoir avant de passer à l'action, ce qui énerve fortement Arthur, qui pense que l'action est possible même si tous les détails d'un projet ne sont pas abordés. Mais Arthur ne veut pas lâcher prise de son investissement par crainte ***d'être déloyal envers son ami,*** *à qui il a fait la promesse de l'aider à y arriver. Sauf que, aujourd'hui, il est épuisé.*

→ Arthur ne se rend pas compte malgré tout que, pour qu'une relation soit équitable, chacun doit s'investir de manière égale. En en faisant plus qu'il n'en faut, Arthur se fait une infidélité : il donne plus d'importance à l'autre, au risque de devenir l'esclave de son ami. En lâchant prise sur sa volonté d'aider l'autre à tout prix, il redonnera de l'espace à Pascal pour que celui-ci s'investisse mieux dans ce projet qui, somme toute, est le sien. En se respectant davantage, Arthur retrouvera **une loyauté envers lui-même**.

Le lâcher-prise,

ce n'est pas une indifférence de sentiments

L'indifférence touche le domaine de l'affectivité. Elle dit que vous ne vous sentez ni concerné, ni motivé, ni ému lors de situations qui appelleraient normalement à la compassion, à la sensibilité ou au sentiment d'amour. Elle est souvent connotée négativement dans l'esprit des gens parce qu'elle fait penser que vous seriez insensible, froid ou apathique vis-à-vis d'autrui.

☑ c'est un amour de la vie

Lâcher prise pourrait donc faire penser de soi qu'on manque de sensibilité envers autrui, ou encore d'appétence à la vie. Au contraire, même si cela peut sembler paradoxal, il faut beaucoup d'amour en soi pour accepter de se désengager d'une situation bloquée tout en accueillant la souffrance d'un autre, sans pour autant sombrer avec lui. C'est cet amour de la vie qui permettra de ne pas ressentir de manque ou de vide insoutenable lors du lâcher-prise, pouvant mener à la dépression.

EXEMPLE *Clara s'apitoie toujours sur le sort des autres. Dès qu'un membre de sa famille vit quelque chose de difficile, elle s'attriste dix fois plus que la personne en question. Elle a l'impression de vivre sa vie dans la couleur permanente de la tristesse, mais elle ne veut pas passer pour* ***quelqu'un d'indifférent***

***à la vie.** Alors, elle s'intéresse à tout, et surtout à tout ce que l'autre vit de terrible, compatissant à l'extrême pour démontrer sa sensibilité.*

→ En lâchant prise sur le ressenti de la tristesse de l'autre, sur le vouloir « compatir à tout prix » pensant aider l'autre, Clara pourrait découvrir le sentiment de bienveillance et l'accueil des sentiments de l'autre, sans pour autant vivre en elle une similitude de sentiments stressants.
En laissant **s'exprimer l'amour** présent en elle-même envers l'autre, en se reliant à l'amour de la vie, elle pourra démontrer à l'autre qu'il y a, au-delà de la douleur, d'autres possibilités que la souffrance. Il y a aussi la douceur de vivre.

Le lâcher-prise,

ce n'est pas un isolement égoïste

Dans l'isolement égoïste, le sens de sa personnalité est prioritairement placé en avant, mettant le monde du dehors de côté pendant un moment. Nous pourrions l'attribuer à une forme d'individualisme, où le moi est considéré comme plus important que l'autre. Pourtant, en pensant, à tort, qu'un repli sur vous-même vous ferait devenir le centre égoïste de votre histoire, vous pourriez être mal à l'aise à l'idée d'oublier les autres et leurs difficultés.

☑ c'est une intimité envers soi

Lorsque les situations dans lesquelles vous vous trouvez deviennent agitées ou épuisantes, un retour à vous-même est nécessaire. Ce recentrage vous permet de vous éloigner pendant quelques instants d'une réalité difficile, afin de vous mettre à l'écoute et à l'observation de vos propres besoins, pour trouver les meilleures manières d'y répondre. Grâce à cette prise de recul, à cette intimité avec vous-même, vous rassemblez vos forces intérieures et essayez de retrouver le sens de ce que vous vivez pour gagner en qualité de vie. Vous construisez votre individualité, dans laquelle vous savez vous considérer au même titre que l'autre.

EXEMPLE *Sandra accompagne sa mère dans tous les aléas de la vie. Elle lui fait les courses, paie son loyer. Elle est toujours là quand celle-ci a des ennuis. Intérieurement, elle en a marre parce que cela fait des années que ça dure. Elle commence même à voir sa santé se dégrader parce qu'elle n'arrive pas à se reposer. Elle n'arrive pas à se dire qu'elle devrait un peu lâcher prise sur son aide à sa mère parce qu'elle a peur d'être considérée **comme une égoïste.** Une*

→

fille, ça doit toujours aider une mère ! Pour autant, ce comportement d'oubli de soi, opposé à l'individualisme, amène toujours à l'épuisement et à la dégradation de soi.

→ Si Sandra acceptait de se retrouver avec elle-même, **dans son intimité intérieure,** elle pourrait voir où se trouve le déséquilibre de la balance du donner et du recevoir entre elle et sa mère. En retrouvant une posture équitable entre son individualité et celle de sa mère, elle pourrait choisir de s'investir dans certaines actions et pas dans d'autres. Elle favoriserait ainsi le maintien de l'autonomie de sa mère. Elle retrouverait des forces pour vivre sa vie aussi.

Ainsi, ce n'est pas parce que vous acceptez et vous choisissez de lâcher prise en toute conscience que vous n'allez plus poursuivre la réalisation de vos désirs. Grâce à cette forme de distanciation neutre, vous ne vous accrochez plus à une envie de vivre tout immédiatement et impérativement. Dans cette forme de neutralité, vous pouvez ainsi devenir davantage conscient de vos véritables besoins (d'amour, de reconnaissance, d'aimer, d'être aimé…), afin de les combler tout en gardant votre indépendance.

D'un état d'attente permanente qui peut générer des émotions désagréables, comme la colère ou la tristesse de ne pas obtenir la réponse de l'autre pour satisfaire à ce que vous voulez, vous pourriez envisager la vie sous un autre angle : celui d'être dans le plaisir de la vie, de sa générosité et de ce qu'elle peut vous apporter comme surprises agréables et merveilleuses.

3 LES MÉTAPHORES DU LÂCHER-PRISE

La métaphore est la manière dont votre inconscient vous parle symboliquement. Elle relie l'image mentale à une idée sur un sujet donné. Par la représentation qu'elle donne d'une notion, elle conditionne vos attitudes et vos comportements. Elle porte en elle-même un pouvoir de conviction, que ce soit pour le meilleur ou pour le pire.

Les métaphores du lâcher-prise logées dans votre inconscient influencent votre aptitude à lâcher prise ou non...

Selon la représentation que vous vous faites du lâcher-prise, la métaphore peut vous faciliter le travail de libération intérieure, porteur de joie et d'élévation, ou au contraire vous restreindre et vous ralentir dans votre projet de laisser-aller.

PAR EXEMPLE *Si vous considérez le lâcher-prise* ***comme le fait de se laisser couler dans la mer et de s'y noyer après avoir tenu trop longtemps à bout de bras une situation,*** *votre métaphore vous maintiendra dans l'idée de résignation et de perte. Cette représentation négative vous affaiblira dans votre énergie et vous retiendra dans votre situation.*

→ Au contraire, si vous entrevoyez le lâcher-prise **comme un gain extraordinaire de liberté, issue de la découverte d'une mer grandiose, profonde, immense,** votre métaphore vous ouvrira à l'idée de découverte et d'amour de la vie. Cette représentation positive vous donnera de l'énergie et de la conviction pour sortir de votre situation.

Vous avez le pouvoir de changer les métaphores limitantes !

Votre première expérience de transformation de votre métaphore se portera sur la notion de « lâcher-prise ». Conscientiser votre métaphore du lâcher-prise est une étape, mais cela ne suffit pas. Il s'agit de la faire évoluer pour vous permettre d'élargir vos points de vue, pour vous redonner de l'énergie afin d'agir dans de nouvelles voies.

La métaphore peut aussi être utilisée pour faciliter le détachement d'une situation ou d'une relation toxique, et ainsi s'en libérer. Grâce à l'exercice de la vision zen (page 148), vous utiliserez votre imagination créative afin de faire de votre métaphore un outil efficace de lâcher-prise.

EXERCICE Je transforme ma métaphore personnelle pour alléger ma représentation du lâcher-prise

Je recherche ma métaphore actuelle en relation avec le lâcher-prise

PAR EXEMPLE *Pour moi, le lâcher-prise, c'est comme un océan de liberté.*
Pour moi, le lâcher-prise, c'est comme une vallée de larmes.
Pour moi, le lâcher-prise, c'est comme un combat perdu.

À VOUS

Pour moi, le lâcher-prise, c'est comme ______________________

____

____

____

Je note les influences que cette métaphore peut avoir sur ma vie

→ Si vous avez la conviction que le lâcher-prise est comme un combat perdu, interrogez-vous sur l'effet produit par cette image sur votre capacité à lâcher prise ou non en fonction des situations.

PAR EXEMPLE *Vous mobilisez toujours beaucoup d'efforts pour essayer d'obtenir ce que vous voulez, mais sans forcément le gagner.*
Vous vous battez longtemps en espérant sortir gagnant de la situation, mais au fond n'obtenant que de la fatigue.
Vous ne voulez pas lâcher le morceau, avec l'espoir illusoire que les choses vont changer.

À VOUS

____

____

____

____

Si ma métaphore est nuisible, je la transforme !

→ Essayez de lui donner un contenu plus positif en la relativisant.

Dans le cas du combat perdu, ramenez les images de la cessation du combat, de l'échange, d'un jeu dans lequel chacun peut être gagnant, par exemple.

Aidez-vous aussi par la **relecture** de « Je sors des idées fausses : ce que le lâcher-prise n'est pas ! », page 14.

Si vous avez trouvé votre métaphore épanouissante, ne changez rien !

À VOUS ______________________________

____

____

Si ma métaphore est nuisible, je trouve une nouvelle métaphore !

→ Répondez à la question suivante par une métaphore, en laissant monter en vous des images qui correspondent à ce que vous souhaiteriez, à un idéal dans le domaine du lâcher-prise, vous détachant même de l'idée première. Comment serait un lâcher-prise parfait, rêvé, pour vous ?

PAR EXEMPLE *Le lâcher-prise, ce serait comme un drapeau de victoire flottant dans un air de liberté.*

Le lâcher-prise, ce serait comme un cerf-volant délivré de ses emprises.

Le lâcher-prise, ce serait comme le tournoiement d'un tango où chacun se rapproche mais accepte aussi de s'éloigner.

Le lâcher-prise, ce serait comme une horloge sans aiguilles.

À VOUS *Le lâcher-prise, c'est comme* ______________________________

____

____

Écrivez votre nouvelle métaphore sur un Post-it®, par exemple, et affichez-la à un endroit où vous la verrez quotidiennement. Lisez-la, visualisez-la, faites-en la promotion, afin de vous en imprégner un petit peu tous les jours.

JE FAIS LE POINT ÉTAPE 1 / OBJECTIF 1

JE RETIENS

☑ Mes idées et mes représentations mentales influencent inconsciemment mes attitudes, mes comportements et mes réactions dans la gestion du lâcher-prise.

☑ « Il ne faut pas demander que les événements soient comme tu le veux, mais il faut les vouloir comme ils arrivent ; ainsi ta vie sera heureuse » (Épictète).

☑ En faisant évoluer mes métaphores du lâcher-prise, je m'offre de nouvelles voies d'action possible et ainsi que de nouvelles occasions de liberté.

QUIZZ

Citez 3 synonymes pour « lâcher-prise »

Laisser faire, accepter, laisser aller, consentir, lâcher...

Êtes-vous d'accord avec les idées suivantes :

1. Lâcher prise, c'est perdre ses idées.	OUI	NON
2. Le lâcher-prise est un manque de persévérance.	OUI	NON
3. Le fait de lâcher prise est une fidélité que l'on se fait à soi-même.	OUI	NON
4. Lâcher prise implique de manquer le but poursuivi.	OUI	NON

1. non 2. non 3. oui 4. non

MA PERCEPTION DU LÂCHER-PRISE À CE JOUR

Notez ici vos réflexions intimes, dites-le avec vos mots.

Ce que je retiens de ce chapitre :

Ce qui me semble important pour moi :

Des idées-clés pour m'aider à revisiter ma conception et ma perception du lâcher-prise :

Ce que j'aimerais approfondir dans ma perception du lâcher-prise :

OBJECTIF 2

JE COMPRENDS L'INTÉRÊT DU LÂCHER-PRISE

POUR ME MOTIVER À L'EXERCER

▼ PROGRAMME

▼ À L'ISSUE DE CE CHAPITRE, JE SERAI CAPABLE DE

- [x] Prendre conscience des gains procurés par un vrai lâcher-prise
- [x] Reconnaître les situations pour lesquelles je peux agir, et celles où je ne peux pas agir directement
- [x] Choisir une situation pour commencer à m'impliquer dans le processus du lâcher-prise

1 ET SI JE DÉCIDAIS DE LÂCHER PRISE…

Dans la forêt équatoriale, un chasseur n'avait pas son pareil pour attraper des singes vivants sans les blesser, car il connaissait leur travers : les singes sont incapables de lâcher prise. Après avoir coupé le bout d'une grosse courge et l'avoir vidée de son contenu, ce chasseur la remplissait de riz cuit et la fixait solidement à un arbre. Attiré par l'odeur de la nourriture, un singe accourait et y plongeait la main pour saisir le riz. Mais l'ouverture, juste assez grande pour laisser entrer sa main vide, ne lui permettait pas de retirer sa main pleine ! Refusant de renoncer à son butin, le singe restait là, sans bouger, assez longtemps pour permettre au chasseur de l'attraper… Il aurait suffi qu'il ouvre la main pour lâcher sa prise, sa poignée de riz, pour qu'il puisse se dégager et s'enfuir, conservant ainsi sa liberté.

Auteur inconnu

POURQUOI CHOISIR DE LÂCHER PRISE ?

Le lâcher-prise est un véritable chemin vers la paix et la liberté !

Nous ne lâchons pas prise parce que...

- Nous tenons souvent aux choses, aux situations ou aux personnes qui semblent répondre à un ou plusieurs de nos besoins (d'être aimé, d'être reconnu...), même si cette attitude nous prive de bonheur...
- Nous tenons à avoir raison dans les choix que nous avons faits, même si ces choix nous emprisonnent...
- Nous maintenons nos attitudes et nos comportements en pensant connaître ce qui est le meilleur pour nous...
- Nous sommes en relation avec des sources potentielles de satisfaction, mais qui, en réalité, génèrent davantage de souffrance que de plaisir.

Lorsque nous apprenons à lâcher prise, nous gagnons en autonomie et en indépendance parce que...

☑ **Nous lâchons notre identification au mental et à l'ego,** qui se veulent protecteurs de notre existence mais qui instaurent une rigidité excessive à celle-ci. Nous développons notre flexibilité et notre souplesse Nous devenons alors capables d'aller vers ce que désire notre cœur, vers une acceptation de ce qui est.

☑ **Nous nous mettons en relation instantanée avec nos besoins fondamentaux et essentiels.** En lâchant prise d'une émotion stressante, d'une pensée obsessionnelle ou d'un souhait particulier, un espace de vide se crée en nous, avec l'inconfort que cela suscite. Si nous décidons d'explorer cet inconfort, nous pouvons alors décoder le besoin qui n'est pas satisfait, afin de lui trouver d'autres sources de satisfaction, plus saines et plus épanouissantes.

☑ Nous sommes plus aptes à savoir quand être acteur de la vie et quand laisser faire et accueillir. Nous gagnons ainsi en apaisement intérieur et en sérénité.

☑ Nous apprenons à passer davantage de temps dans l'**être,** qui fait et qui agit, que dans le **faire,** qui oublie de vivre et d'exister.

→

LE LÂCHER-PRISE ET LA LIGNE DU TEMPS

Lâcher prise, c'est réussir à être dans l'ici et maintenant.

Passé, présent et futur rythment vos exigences et vos expériences

L'idée que vous vous faites aujourd'hui de la situation que vous avez envie de vivre s'appuie sur votre histoire. Ce que vous avez engrangé et déduit de ce passé influence votre futur par votre imagination. Vous aimeriez que tout se produise comme vous l'avez rêvé ! Vous vous accrochez par conséquent à une réalité idéale imaginaire, qui est parfois bien loin de la réalité telle qu'elle se vit.
Vous avez ainsi à vous repositionner dans votre histoire et dans votre espoir pour ne pas être bloqué par la ligne du temps !

Le lâcher-prise ne peut réellement se produire que dans l'instant présent

L'instant présent, c'est être dans une ouverture totale à ce qui se passe ici et maintenant. Grâce à cette présence accrue, vous vous enrichissez de tout ce que vous pouvez voir, sentir, ressentir, écouter, goûter, tout ce qui est là. Votre esprit profite des sensations et des ressentis produits dans le corps. Votre attention peut ainsi se concentrer sur la discussion qui se déroule maintenant, sans penser à la sortie de demain ou à ce qui s'est passé hier, profitant ainsi pleinement de cette « vivance[1] ». C'est ce qui donne à votre monde du relief, à vos relations de la présence, à vos affects de la vibration, à votre existence de la vie.

Le présent s'appuie toujours sur l'histoire personnelle, héréditaire et généalogique

Aujourd'hui, quand bien même un tri inconscient a été fait par rapport aux situations passées, retenant certains éléments et en transformant d'autres, vous êtes encore porteur de peines en relation avec des situations mal digérées, des besoins non satisfaits, des frustrations, des opinions forgées par votre éducation ; ces souffrances peuvent vous empêcher de lâcher prise dans certaines situations présentes, ces situations étant le reflet d'un schéma personnel non résolu. Il est donc nécessaire de vous repositionner par

1_Néologisme créé par le professeur Caycédo, fondateur de la sophrologie, à partir du terme espagnol *vivancia*, qui signifie « ce qui se vit maintenant ».

rapport à votre histoire en acceptant de sortir de vos détresses intérieures polluantes, voire destructrices, liées aux regrets, aux remords, aux rancunes, aux obsessions, pour apprendre à valoriser consciemment le passé « positif », celui qui est bon et fort. Vous pouvez faire en sorte de vous réapproprier cette histoire avec un regard neuf, à la recherche de souvenirs agréables, développant vos « racines » qui viendront consolider votre force morale d'aujourd'hui et vous porter vers une observation plus juste de ce que vous vivez actuellement.

Le présent libéré de son passé vous permet de vous projeter dans un avenir fait d'étonnement

Autant le corps est limité dans ses mouvements, autant l'esprit ne l'est pas. Il y a une vraie différence entre imaginer à partir de son état présent, des situations projetées dans des événements plus ou moins lointains, de manière structurée et confiante, et vouloir à tout prix contrôler cet avenir. Vous devez quitter l'idée d'être « assuré tout risque » par rapport à la vie, en installant plutôt en vous la garantie de la sécurité intérieure que vous porterez toujours, quelles que soient les circonstances de la vie. Lâcher prise, c'est prendre le risque de l'inconnu et de la liberté dans son existence, alors que la confiance et la stabilité existentielle prennent davantage de place à l'intérieur de soi. Vous devenez ainsi capable de vous projeter sur votre « advenir », vos projets professionnels ou personnels, tout en acceptant l'idée de surprises et d'émerveillement en relation avec des choses que vous n'aviez pas prévues.

Apaiser votre histoire, accepter de ne pas vous laisser emporter par votre imagination vous donnant l'illusion d'un pouvoir sur l'avenir, revenir aux possibilités du maintenant, tout cela vous aidera à vous décrocher des « illusions » et des « faux-semblants », afin de vous ouvrir vraiment aux alternatives et aux vrais choix issus d'une réflexion et d'une intuition saine.

2 DE QUOI PEUT-ON LÂCHER PRISE ?

Le mental a sa place, et il peut mettre l'enfer dans le ciel ou le ciel en enfer.

John Donne

LA VOLONTÉ DE TOUT CONTRÔLER

Dans la vie, vous avez un pouvoir d'action sur certains événements, comme choisir ce que vous allez manger au moment d'un dîner au restaurant, le lieu de vos vacances ou la date d'une soirée entre amis… D'autres événements, en revanche, ne dépendent pas de vous, comme les conditions météorologiques, les choix personnels que font vos proches ou ceux, stratégiques, de l'entreprise dans laquelle vous travaillez…

Selon que vous vous acharnez là où vous devriez accepter ce qui est ou que vous abandonnez là où vous devriez agir, vous mobilisez votre énergie à bonne ou à mauvais escient. Lorsque cette énergie commence à faire défaut, les problèmes arrivent. Ce que voulez contrôler à tout prix vous échappe alors, mais à quel prix !

LE RÔLE DE LA PERCEPTION

La perception joue un rôle important dans la facilité à lâcher prise ou pas !

En psychologie cognitive, la perception est la manière dont vous recueillez, traitez et traduisez la réalité passée par le filtre de vos projections, de vos émotions, pour en faire **votre** réalité. La perception peut fausser votre jugement de la situation, en plaçant l'autre comme le « méchant ». Vous réagissez alors en réaction à l'interprétation d'un comportement qui vous rappelle peut-être inconsciemment une situation ancienne, et pas en fonction de votre vrai besoin.

PAR EXEMPLE *Si vous avez du mal à lâcher prise de la colère envers un ami parce qu'il n'est pas venu passer la soirée avec vous, préférant voir le match de football de son équipe préférée, en présence de ses copains, vous pourriez* *le percevoir comme égoïste, ce qui vous énerverait franchement et ne vous inclinerait pas à laisser partir votre colère.*

→ Si en revanche vous arriviez à revenir à votre besoin premier, celui d'obtenir de l'affection de sa part, qui pourrait se traduire par le désir de partager cette soirée avec lui, vous décoderiez cette réalité autrement. Vous seriez plus objectif, vous accepteriez le fait que ce soit important pour lui le fait de passer cette soirée avec ses amis, tout en restant lucide sur vos motivations. Vous pourriez ainsi exprimer vos sentiments sans lui attribuer une faute irréparable, afin de parvenir à une entente satisfaisante pour chacun.

LES MANIÈRES DE RÉAGIR À UNE SITUATION DONNÉE

Tout individu, selon Scott et Jaffe [1995], peut réagir de quatre manières différentes à une situation donnée :

- **maîtriser,** c'est-à-dire agir sur les éléments sur lesquels il a un vrai pouvoir d'action ;
- **abandonner,** en évitant d'agir dans des domaines où il pourrait avoir une influence ;
- **s'acharner** et essayer en vain de transformer des choses qui sont hors de son pouvoir ;
- **lâcher prise** en acceptant ce qu'il ne peut changer sans en vouloir à qui que ce soit.

Les attitudes d'abandon et d'acharnement entraînent toujours des sentiments de culpabilité, de désespoir, d'impuissance, voire une tendance dépressive, néfastes pour la santé physique, émotionnelle et psychique. Les attitudes de maîtrise et de lâcher-prise permettent toujours de bien canaliser l'énergie en éprouvant le sentiment d'avoir agi là où il était bon d'agir, et sont bonnes pour la santé.

> Que la force me soit donnée d'accepter ce qui ne peut être changé et le courage de changer ce qui peut l'être, mais aussi la sagesse de distinguer l'un de l'autre.
>
> *Marc Aurèle*

LES CHOSES QUI DÉPENDENT DE NOUS

Apprenons à distinguer ce sur quoi nous pouvons agir, ce que nous pouvons influencer, de ce sur quoi nous ne pouvons pas agir et que nous ne pouvons pas influencer.

Nous pouvons lâcher prise :

- ☑ **de nos attentes personnelles,** de nos désirs, des attentes des autres ;
- ☑ **de notre perception des attentes** des autres ;
- ☑ **de nos émotions,** comme la colère, l'angoisse, le doute, la tristesse ou la peur, et de nos sentiments, comme la culpabilité, le ressentiment et la rancune, le regret, la frustration ;
- ☑ **de nos jugements** et nos a-priori ;
- ☑ **de nos pensées répétitives,** de nos croyances négatives, de nos manies, de nos attachements obsessionnels ;
- ☑ **de tous nos messages de « perfection »,** de nos obligations contraignantes précédées de « Je dois » ou « Il faut » ;
- ☑ **de ce qui nous retient de notre passé,** sa nostalgie et ses douleurs ;
- ☑ **des anticipations excessives,** de notre peur de l'avenir et de la recherche permanente de solutions pour contrôler ce dernier ;
- ☑ **de notre mal-être** dans le « maintenant » ;
- ☑ **de toutes les situations que nous ne pouvons contrôler** et sur lesquelles nous ne pouvons agir.

**Et vous, de quoi pouvez-vous lâcher prise ?
Notez les premières idées qui vous viennent à l'esprit.**

3 DE QUOI DEVRAIS-JE LÂCHER PRISE POUR ÊTRE HEUREUX ?

EXERCICE Les 36 respirations pour commencer à calmer l'esprit

La respiration est toujours un très bon moyen pour calmer le mental et les émotions lorsque l'on se sent bloqué dans une situation. Avant de lâcher prise, il est important d'occuper l'esprit à autre chose que la situation préoccupante, de le détourner de sa zone de turbulences, étape préalable pour retrouver le sens de ce qui est bon pour soi et la motivation à le faire.

- **L'expiration profonde** permet de relâcher les tensions psychologiques et physiques ainsi que les peurs. Elle permet de se « vider » afin de permettre de recevoir plus pleinement l'inspiration suivante avec son énergie de vie.
- **L'inspiration** permet au nouveau souffle de pénétrer dans le corps naturellement, pour aider à retrouver l'harmonie et le renouveau. Chaque inspiration peut donc être reçue en conscience et avec gratitude.

Dans cet exercice, il s'agit de compter les expirations jusqu'à avoir réalisé 36 respirations complètes, tout en se concentrant à l'expiration sur l'idée de laisser partir ce qui n'est plus bon pour soi, et à l'inspiration sur l'idée d'accueillir l'harmonie et le renouveau. Il est préférable pour commencer, lorsque l'on n'a pas l'habitude de se concentrer sur sa respiration, de faire l'exercice sans y relier de pensées spécifiques à l'inspiration et à l'expiration, puis, dans un deuxième temps, lorsque les bases de l'exercice sont posées, de rajouter l'intentionnalité voulue.

LE DÉCOMPTE SE FAIT DE LA MANIÈRE SUIVANTE

UN : j'expire, j'inspire → *DEUX : j'expire, j'inspire* → *TROIS : j'expire, j'inspire* → *QUATRE : j'expire, j'inspire…* → *TRENTE-CINQ : j'expire, j'inspire* → *TRENTE-SIX : j'expire, j'inspire*

Si par hasard le fil du comptage se perdait, il s'agirait de recommencer à zéro.

À VOUS

UN : j'expire, j'inspire → **DEUX :** j'expire, j'inspire → **TROIS :** j'expire, j'inspire…

EXERCICE De quoi devrais-je lâcher prise pour être heureux ?

Maintenant que votre esprit est plus calme...

1. Je trouve une situation pour laquelle j'ai du mal à lâcher prise et je liste ses différents aspects.

PAR EXEMPLE *Je devais passer la soirée avec mon ami, mais il a préféré aller voir un match avec ses copains...*

→ Je m'accroche à ma colère de ne pas passer la soirée avec lui parce qu'il regarde le match de football de son équipe préférée.

→ Je m'accroche à vouloir lui faire changer de comportement.

À VOUS ____

____

____

____

2. Je place maintenant les aspects de la situation dans le tableau.

Cela va me permettre de repérer là où je mets efficacement de l'énergie dans mes actions et là où je perds de l'énergie à cause d'une absence de lâcher-prise.

PAR EXEMPLE *Je m'accroche à ma colère de ne pas passer la soirée avec mon ami et je veux lui faire changer de comportement*

Sur quoi puis-je agir ? Sur ma colère...

Si j'agis → Je maîtrise
Je suis efficace en faisant des exercices pour apaiser ma colère.
Cela produit en moi un sentiment agréable d'énergie et d'efficacité personnelle.

Si je n'agis pas → J'abandonne
Je génère de la frustration en conservant ma colère, qui peut se transformer en rancune.
Cela produit en moi de la culpabilité, de la dépression, du désespoir, de l'impuissance.

Sur quoi ne puis-je pas agir ? Sur son comportement...

Si j'agis → Je m'acharne

Je mène des actions en vain : en lui téléphonant, en essayant de le faire changer d'avis en le harcelant, en lui en voulant.

Cela produit en moi de la contrariété, de l'agressivité ou de la panique.

Si je n'agis pas → Je lâche prise

J'accepte l'idée que c'est un bon moment qu'il va passer et que nous pourrons partager, renforçant notre relation.

Je serai plus calme pour partager ma réaction face à cette situation pour trouver des solutions ensemble.

Cela produit en moi de la détente, du soulagement, de la plénitude.

À VOUS

PAR EXEMPLE *(Reprendre les différents aspects de la situation)* ____________

____

____

Sur quoi puis-je agir ? ____________

Si j'agis → Je maîtrise

Je suis efficace en... ____________

____

Cela produit en moi un sentiment agréable de... ____________

Si je n'agis pas → J'abandonne

Je génère de la frustration en... ____________

____

Cela produit en moi un sentiment néfaste de... ____________

____

Sur quoi ne puis-je pas agir ? ____________________

Si j'agis → Je m'acharne

Je mène des actions en vain... ____________________

____

Cela produit en moi un sentiment néfaste de... ____________________

____

Si je n'agis pas → Je lâche prise

J'accepte... ____________________

____

Cela produit en moi un sentiment agréable de... ____________________

____

3. Pour terminer, je choisis de passer à l'action !

→ Je fais des exercices pour m'aider à prendre de la distance afin de faciliter le travail de lâcher-prise en relation avec ce que j'ai nommé dans la case « Je maîtrise ».

→ Je fais des exercices pour m'aider à accepter ce que j'ai nommé dans la case « Je lâche prise ».

Vous récupérerez ainsi beaucoup d'énergie, tout en apprenant par la suite à conserver votre calme et votre sang-froid.

JE FAIS LE POINT ÉTAPE 1 / OBJECTIF 2

JE RETIENS

☑ En lâchant prise, je me place davantage dans l'**être,** qui fait et qui agit, que dans le **faire,** qui oublie de vivre et d'exister.

☑ Passé, présent, futur s'influencent mutuellement dans la ligne du temps.
En apaisant mon histoire, je me permets de vivre plus pleinement mon présent et plus sereinement mon avenir.

☑ Le secret du lâcher-prise se trouve dans la « vivance » du maintenant.

☑ Je ne peux lâcher prise que sur les choses qui dépendent de moi.

QUIZZ

Quelles sont les quatre manières habituelles de réagir à une situation ?

Maîtriser, s'acharner, abandonner, lâcher prise.

Savez-vous faire la différence entre un besoin et un désir ?

Un besoin est une nécessité intérieure commune à tous les êtres humains mais touchant chacun à sa manière. Si le besoin n'est pas satisfait, il génère de la frustration et de la fatigue. S'il est trop satisfait, il génère de la saturation et de l'endormissement. Il existe des besoins fondamentaux, comme manger, boire ou dormir, des besoins sécuritaires, comme se sentir protéger, s'assumer financièrement, ou encore des besoins de réalisation, comme jouer, avoir des objectifs de vie, progresser.

Un désir est une envie concrète permettant de répondre à un besoin. Il est alimenté par ce que l'on voit à l'extérieur de soi. Il est substituable.

Exemples

Mon corps me tiraille, j'ai une sensation de creux dans l'estomac, j'ai faim. **J'ai besoin de manger.** Je passe devant une boulangerie et je me souviens de la bonne odeur du pain de ma grand-mère. **J'ai envie** de manger un pain au lait ou un morceau de baguette, mais je pourrais manger tout autre chose qui me comblerait aussi.

Je me sens seul, j'ai ma motivation qui a baissé. **J'ai besoin de me sentir reconnu. J'ai le désir** que tu me parles, que tu m'interpelles, que tu m'aides à me remotiver, mais je pourrais aussi me sentir reconnu par une embrassade tendre, des caresses, des baisers...

ÉTAPE 1 / OBJECTIF 2 JE FAIS LE POINT

Êtes-vous d'accord avec les idées suivantes ?

1. Revenir à mon besoin non satisfait me permet de trouver de nouvelles solutions pour le satisfaire, autres que m'accrocher à tout prix à ce que mon mental veut.	OUI	NON
2. Il est important de tenir bon dans les choix que je fais même si ces choix m'emprisonnent.	OUI	NON
3. Lâcher prise, c'est prendre le risque de l'inconnu.	OUI	NON
4. Ce que je perçois de la réalité n'est pas la réalité vécue par tous les acteurs d'une situation et peut m'empêcher de lâcher prise.	OUI	NON

1. oui 2. non 3. oui 4. oui

MA MOTIVATION À LÂCHER PRISE À CE JOUR

Notez ici vos réflexions intimes, dites-le avec vos mots

Ce que je retiens de ce chapitre :

Mes motivations personnelles au lâcher-prise :

Ce que je gagnerais dans ma vie en lâchant prise de certaines situations qui me génèrent de la souffrance ou de l'inconfort :

Ce que j'aimerais approfondir dans ma compréhension et motivation du lâcher-prise :

ÉTAPE 2

OBJECTIF 3

JE REPÈRE LES OBSTACLES AU LÂCHER-PRISE POUR MIEUX LES DÉPASSER

▼ PROGRAMME

▼ À L'ISSUE DE CE CHAPITRE, JE SERAI CAPABLE DE

- ☑ Reconnaître les désirs qui bloquent mon lâcher-prise
- ☑ Faire évoluer mes pensées contraignantes en les questionnant
- ☑ Transformer mon état d'esprit pour me permettre d'adopter les attitudes et comportements qui favorisent le lâcher-prise

1 C'EST DIFFICILE DE LÂCHER PRISE

Lâcher prise n'est pas aussi simple que de lâcher un stylo que l'on tenait serré dans la main pour s'en débarrasser. Il y a plusieurs niveaux et dimensions agissant dans la difficulté à lâcher prise. Il ne suffit pas de décider et de vouloir (domaine de l'intellectuel), même si c'est une étape importante. L'affectivité, l'inconscient et la mémoire physique vont aussi jouer un rôle.

SIX ENVIES OU DÉSIRS EN JEU

À chaque fois que nous devrions lâcher prise et que nous n'y arrivons pas, se joue un jeu psychologique, parfois conscient, parfois inconscient, autour de nos désirs. Ces désirs qui nous animent sont autant de manières, comme nous l'avons vu précédemment, pour satisfaire l'un de nos besoins, mais ils génèrent du mal-être plutôt que du bien-être.

Vous laissez-vous dominer par ces désirs ?

- ☐ Désir de contrôle
- ☐ Désir d'attachement
- ☐ Désir de permanence
- ☐ Désir de rigidité
- ☐ Désir de dépendance
- ☐ Désir de souffrance

Désir de contrôle *versus* liberté

Le contrôle est l'opposé du lâcher-prise. En conservant la volonté de garder un pouvoir sur les choses, nous pourrions penser que nous réduisons l'incertitude de la vie. Chercher à diriger l'autre, ce qu'il pense, ses attitudes, ses réactions, peut nous faire penser qu'il va nous apprécier davantage en nous rejoignant dans notre cadre de référence et de pensées.

Pour certains, ce désir de dominer est une réaction à la peur et à l'angoisse existant en eux. Pour d'autres, la peur est la conséquence de la pensée d'avoir perdu le contrôle sur les événements ou sur les autres.

De toutes les manières, le contrôle ramène toujours à l'idée de la survie, parce que l'inconnu n'est pas accepté. Le mental conditionné met en avant des exigences (→ *Si tu ne fais pas comme je le veux, je boude*), et la peur de ne pas obtenir ce que l'on veut nous enferme dans ces exigences.

La **liberté** se gagne parce que nous acceptons de renoncer au désir de contrôler. Nous nous libérons ainsi de nos exigences et l'inexploré nous ouvre à de nouvelles expériences qui peuvent être amusantes et heureuses.

Et vous, que voulez-vous absolument contrôler dans votre vie qui serait nocif pour vous ?

PAR EXEMPLE *Je veux contrôler les réactions de mes enfants et leur éviter d'être en colère.*

À VOUS

Je veux contrôler ______________________________

____

____

____

Que pourriez-vous faire pour gagner en liberté ?

PAR EXEMPLE *Je pourrais me faire à l'idée que la colère est une émotion humaine, et plutôt apprendre à mes enfants la façon de gérer cette émotion.*

À VOUS

Je pourrais ______________________________

____

____

____

Désir d'attachement *versus* détachement

L'attachement à notre mère était nécessaire pour répondre à nos besoins fondamentaux d'enfants. De la qualité de cet attachement premier va dépendre l'installation de notre sentiment de sécurité intérieure et de notre socialisation, car ce lien d'attachement va servir de modèle qui sera projeté dans nos relations professionnelles, familiales ou intimes. Au fur et à mesure que nous vient la maturité de l'adulte, le détachement doit prendre sa place pour que l'on gagne en autonomie. Si l'attachement se maintient alors que nous sommes adultes, il génère des envies égocentriques s'accrochant à un objet ou à un sujet choisi. Attachement et contrôle sont alors très liés. Ce sur quoi nous sommes attachés doit devenir comme nous l'espérons. Nous nous attendons alors à ce que cela dure éternellement, ignorant totalement la notion d'impermanence. Il nous devient impossible de quitter l'objet de notre amour. Si les envies ne sont pas rassasiées, la frustration s'installe, avec comme signes de fortes tensions, des sensations de vide et de manque, jusqu'à devenir intolérable.

La liberté d'esprit passe par la voie du détachement vers le non-attachement. Le détachement invite à sortir du jugement et à s'installer dans l'état d'esprit que « je n'ai rien à gagner, rien à perdre » dans cette situation, afin de limiter son influence. Le non-attachement implique d'être dans l'instant présent et favorise une ouverture à soi grâce à ce recentrage. En reliant le non-attachement à la générosité, à la bonté et à l'amour, il permet de prendre du recul vis-à-vis de situations vécues afin de mieux les comprendre et les analyser.

> Faisons la distinction entre le véritable amour et l'attachement. Le premier, idéalement, n'attend rien en retour et ne dépend pas des circonstances. Le second ne peut que changer au gré des événements et des émotions.
>
> *Tenzin Gyatso, 14e dalaï-lama*

Et vous, à quoi voulez-vous rester attaché dans votre vie qui serait nocif pour vous ?

PAR EXEMPLE *Je veux rester attacher à ma colère parce qu'elle me permet d'avoir de l'énergie pour dire les choses.*

À VOUS

Je veux rester attaché à ______________________

____

____

____

Que pourriez-vous faire pour gagner en détachement ?

PAR EXEMPLE *Je pourrais choisir de lâcher prise de ma colère et envisager de renforcer ma confiance en moi pour oser dire les choses.*

À VOUS

Je pourrais ______________________

____

____

____

Désir de permanence *versus* impermanence

La permanence fixe les choses. C'est une manière de saisir ce qui devrait normalement suivre le cours naturel de la vie. Tout est toujours en mouvement perpétuel, comme le rythme des saisons, le jour et la nuit, l'inspiration et l'expiration, la rotation de la terre autour du soleil… Plus on cherche à retenir quelque chose, plus elle semble nous échapper.

La permanence relie le contrôle à l'attachement, ajoutant l'exigence que l'autre reste comme nous en avons envie. Elle peut nous donner une impression de sécurité parce que les choses semblent évoluer dans une continuité et une stabilité exemplaires, mais en réalité tout se rigidifie.

L'impermanence invite à l'idée du changement, que rien ne reste toute la vie tel qu'il est à un instant T. Le changement, c'est le mouvement, et le mouvement, c'est la vie. Encore faut-il que nous acceptions de nous mettre dans ce flux de la vie afin de l'apprécier dans tout ce qu'il suscite d'étonnement. Lâcher prise par rapport à ce que nous connaissons déjà et accepter l'idée que demain ne sera plus tout à fait comme aujourd'hui, ni comme hier, est ce qui nous permettra de nous ouvrir au renouveau et à la multitude des possibilités de l'existence.

Et vous, que voulez-vous absolument conserver dans votre vie qui serait nocif pour vous ?

PAR EXEMPLE *Je veux conserver ma manière de vivre en célibataire alors que je m'installe en couple et que mon compagnon ne comprend pas cette attitude, ce qui crée régulièrement des conflits entre nous.*

À VOUS

Je veux rendre permanent ______________________________

____

____

____

Que pourriez-vous faire pour gagner en mouvement ?

PAR EXEMPLE *Je pourrais définir les aspects du célibat que je veux conserver, échanger avec mon compagnon sur la manière de fonctionner en couple, tout en respectant les points de vue de l'un et de l'autre.*

À VOUS

Je pourrais ______________________________

____

____

____

____

Le désir suivant…

Sur le bord d'un trottoir, un homme tourne en rond, le visage rivé sur le sol, apparemment un peu perturbé. Il arpente la surface de béton au pied d'un lampadaire qui diffuse une lumière tamisée. Il s'échine à scruter le pavement sans relever la tête, à la recherche de quelque chose semble-t-il, et reste bredouille pour le moment. Intrigué, un passant décide d'interroger cet homme à propos de son étrange manège.

– Bonjour monsieur, excusez-moi de vous déranger. Je vous vois depuis plus d'un quart d'heure tourner en rond toujours au même endroit. Vous semblez chercher quelque chose sans le trouver. Puis-je vous aider ?

– Écoutez, je ne retrouve plus mes clés. Je les cherche depuis plus de quatre heures sans résultat.

– Êtes-vous certain de les avoir perdues ici ?

– Non, pas du tout, répond l'homme, mais au moins, ici, il y a de la lumière.

Auteur inconnu

Que vous évoque ce texte ?

À quel désir fait-il appel ? (réponse page suivante)

Désir de rigidité *versus* flexibilité

La **rigidité** est un état d'esprit qui se veut intransigeant et rigoureux, voulant assurer une forme d'équilibre et de stabilité dans la vie. Elle est très reliée à l'envie de permanence des choses. Cette raideur procure en réalité une illusion de solidité. Penser que les choses doivent être comme ça et pas autrement contribue à un manque d'adaptation aux situations rencontrées ou aux relations vécues. Un grand stress se génère alors par la difficulté de s'adapter aux conditions nouvelles.

Le lâcher-prise implique de développer la **flexibilité,** c'est-à-dire la capacité de changer d'attitude lorsqu'une situation l'exige. Comme le jonc ou l'osier font preuve d'une certaine élasticité aux conditions extérieures, la souplesse de point de vue permet l'acquisition de nouvelles données au regard de ce qui se vit. La juste combinaison entre malléabilité et informations acquises permet une adaptation plus harmonieuse à son environnement, par définition variable et impermanent.

La flexibilité suppose...

☑ d'être conscient de ce qui se vit intérieurement dans le domaine des émotions, des sentiments, des pensées ou des sensations, afin de modifier ce qui peut être changé ;

☑ de lâcher le « vouloir à tout prix » ;

☑ de se recentrer sur ses valeurs, ses objectifs, ses véritables besoins ;

☑ d'accepter de porter un nouveau regard sur les choses, suscitant la découverte potentielle de solutions grâce à une vision des situations sous des angles différents.

Et vous, sur quoi êtes-vous absolument intransigeant dans votre vie qui serait nocif pour vous ?

PAR EXEMPLE *Je suis intransigeant sur l'heure des repas pris en famille, alors que, semble-t-il, chacun n'a pas faim au même moment, ce qui est toujours une source d'énervement et de conflit.*

À VOUS *Je suis intransigeant sur* ______________________

____

____

____

Que pourriez-vous faire pour gagner en flexibilité ?

PAR EXEMPLE *Je pourrais définir un ou deux jours dans la semaine où toute la famille mange ensemble, parce que cela correspond pour moi à une valeur familiale importante, en laissant les horaires des autres repas à l'appréciation de chacun.*

À VOUS *Je pourrais* ______________________________

____

____

Désir de dépendance *versus* autonomie émotive

La **dépendance affective** se produit lorsqu'on a vécu une expérience formidable, qui nous a fait vivre un état de bien-être, de complétude, d'euphorie, d'extase. Nous imaginons alors que le bonheur peut devenir sans fin si nous récidivons cette expérience. L'autre est celui qui est porteur de notre félicité, de notre satisfaction, de notre joie. Lorsqu'il n'est plus là, survient une dépression émotionnelle, un vide, qui nous met face à l'anxiété existentielle et à la peur de l'abandon présentes dans toutes les structures psychiques profondes.

L'**autonomie émotive** se base sur une saine estime de soi et la capacité à nous assumer tels que nous sommes. Reconnaître nos qualités permet de ne pas aller les chercher systématiquement chez autrui. Nous pouvons nous inspirer, bien sûr, de telle ou telle personnalité, mais nous resterons toujours nous, malgré nos efforts pour ressembler à l'autre. Et c'est cela qui est intéressant. Trouvons et exprimons le **« nous »** que nous sommes. Dans cette indépendance, il nous sera plus facile d'être objectifs dans notre investissement dans une relation ou notre désinvestissement dans une autre. Nous pourrons alors passer de la codépendance affective à la « covivance », une relation où nous ne nous perdons pas, mais où nous gagnons en enrichissement mutuel.

Et vous, de quoi êtes-vous absolument dépendant affectivement dans votre vie qui serait nocif pour vous ?

PAR EXEMPLE *Je suis dépendant affectivement de ses SMS et de ses appels téléphoniques toutes les 2 heures, sinon, je me sens mal et abandonné.*

À VOUS *Je suis dépendant affectivement de* ______________________________

→

Que pourriez-vous faire pour gagner en autonomie émotive ?

PAR EXEMPLE *Je pourrais m'occuper l'esprit à des activités qui me plaisent et me nourrir émotionnellement de ces activités.*

À VOUS

Je pourrais ______________________________

____

____

____

Désir de souffrance *versus* ouverture à la vie

La **souffrance** n'est pas qu'en relation avec une détresse psychologique, un événement de la petite enfance ou une croyance donnée. Elle est aussi en relation avec la douleur physique, les traces mémorielles des souffrances affectives de nos parents, l'attachement et l'illusion. Certaines souffrances sont évitables, celles que nous nous infligeons à nous-mêmes, les douleurs « névrotiques », comme l'anxiété suite à une contravention quand elle se maintient plusieurs jours. D'autres sont reliées à ce que nous réserve la vie, aux impondérables, les douleurs « authentiques », comme la perte d'un être cher. La douleur est notre réponse à ce que la vie nous inflige, mais laisser son attention focalisée sur la souffrance l'augmente.

> L'homme engendre la souffrance aussi certainement que les étincelles volent en l'air.
>
> *Job 5.7*

Nous pourrions rester centrés sur la douleur :

- parce que nous pensons que la souffrance fait partie de notre personnalité tant nous ne connaissons que cette expérience ;
- pour maintenir l'intérêt de l'autre envers soi et susciter l'envie d'être consolé ;
- parce que la nouveauté fait peur, alors qu'une souffrance chronique dans une situation spécifique montre souvent qu'il y a du lâcher-prise à faire sur certains aspects dans sa vie.

La souffrance nous met toujours en relation avec notre vulnérabilité. La vulnérabilité peut être définie comme la tolérance à vivre l'émotion et est souvent associée à la blessure émotionnelle, mais elle est aussi reliée, d'après Brené Brown, à l'incertitude de la vie, à la prise de risque et à l'ouverture émotionnelle. C'est parce que nous sommes vulnérables que nous pouvons apprécier une belle pièce musicale ou un beau soleil couchant.

L'ouverture à la vie grâce à la vulnérabilité incite donc à profiter de l'enchantement des projets réalisés, des relations saines et bénéfiques, des moments de présence à l'existence. Elle permet de partager tendresse et amour avec autrui, en fonction de sa sensibilité.

Et vous, sur quelle souffrance restez-vous absolument centré et qui est nocive pour vous aujourd'hui ?

PAR EXEMPLE *Je reste centré sur ma jalousie lorsque je vois ma compagne être en relation professionnelle avec d'autres hommes.*

À VOUS *Je reste centré sur ma souffrance de* ______________________

____

____

____

____

Que pourriez-vous faire pour vous ouvrir à la vie ?

PAR EXEMPLE *Je pourrais lui exprimer ma vulnérabilité, qui se traduit par la peur de la perdre, et ne pas la considérer comme m'appartenant. Je pourrais m'ouvrir à son amour et lui faire confiance.*

À VOUS *Je pourrais* ______________________

____

____

____

____

L'AUTRE, UN MIROIR DANS LEQUEL VOUS VOUS PROJETEZ

Un peu de théorie

Selon Marie-Louise von Franz, psychanalyste jungienne, la projection est un « transfert inconscient, c'est-à-dire non perçu et involontaire, d'éléments psychiques subjectifs refoulés sur un objet extérieur ».

Ce que vous avez refoulé ou réprimé, émotions, qualités ou caractéristiques particulières, vous pouvez le voir en l'autre, à l'occasion de n'importe quelle rencontre, par un effet de miroitement. L'autre, devenant comme un reflet de vous-même, peut susciter de grandes attractions ou de grands rejets. Il peut vous fasciner au point que vous tombiez sous son emprise, sous sa dépendance, créant de ce fait un absolu manque de liberté et un potentiel de souffrances nouvelles.

Lâcher prise de cette dépendance devient alors un sport fastidieux parce que l'autre fait tellement écho en vous-même que, si vous le lâchez, ce pourrait être vécu comme si vous vous abandonniez vous-même.

Petit rappel !

L'être humain a trois manières de gérer ses émotions : il peut les refouler, les réprimer ou les exprimer. Ce qui ne s'exprime pas s'imprime profondément en soi, de manière invisible, et influence ensuite attitudes et comportements.

- **Refouler** est un processus psychique non volontaire, un mécanisme de défense qui place, dans l'inconscient, soit un potentiel qui n'a pas pu s'exprimer au travers d'actions, soit des interdictions, des paroles, des attitudes qui ont touché et blessé fortement.
- **Réprimer** est un processus conscient d'inhibition d'émotions ou d'attitudes, qui fait mettre volontairement de côté ce qui n'est pas acceptable pour soi.
- **Exprimer** permet de faire sortir l'émotion. L'expression peut se faire par des pleurs, des rires, des gestes, des mots décrivant les ressentis et les sensations physiques. Elle permet de commencer à se décharger affectivement tout en étant attentif à ne pas être nuisible pour autrui.

LES DEUILS À FAIRE

Jeanne était assise près du rocher et laissait son regard percer l'horizon. Son esprit était empreint de mille tourbillons. Elle n'arrivait pas à laisser partir la pensée de Paul. Elle s'était pris la tête avec lui au sujet de leur installation commune. Elle avait envie de s'engager avec lui et il lui semblait qu'il avait aussi l'envie de s'engager avec elle, mais tout était remis en question. Un coup de gueule, un mot plus haut que l'autre, une parole qui n'était pas acceptable… et elle était partie en claquant la porte de leur appartement. Devait-elle clore leur idylle ? Devaient-ils se séparer définitivement ? C'était une perte qu'elle n'était pas prête à accepter maintenant. Elle angoissait vraiment. Elle imaginait qu'elle le perdait, lui, son amour, sa présence, et cela la mettait dans tous ses états. Elle ne se sentait pas suffisamment solide pour assumer tout ça toute seule. Elle n'avait personne qui pouvait jouer le rôle de filtre pour affronter cette réalité. Elle se trouvait confrontée à une de ces multiples situations de finitude humaine. Elle sentait toute sa force de vie disparaître, prise dans une tempête d'émotivité. Elle pensait qu'elle n'avait pas l'aptitude à assimiler davantage de souffrance et de douleur. Elle savait qu'elle était confrontée à son angoisse de perte, et pourtant une lueur d'espoir touchait encore son esprit et son cœur. Elle avait envie de s'en sortir. Elle n'avait pas envie de tourner en boucle avec les images de leur dispute. Elle sentait la nécessité de lâcher prise, de se réorganiser dans sa manière d'approcher la situation, de se redéfinir dans ce qu'elle souhaitait, de chasser son sentiment d'inutilité. Elle savait qu'il ne fallait pas qu'elle laisse courir son imagination. Elle discernait qu'il fallait qu'elle fasse la paix dans cette situation. Elle sentait qu'en revenant à son instant présent, assise sur ce rocher, elle pouvait profiter de la plénitude de la roche, de la sérénité de l'horizon. Elle voulait calmer son esprit. Elle savait que la vie était faite de petits deuils et de nouveaux départs. Que pouvait-elle faire pour faire le deuil de ce moment difficile, afin d'avancer dans son idylle avec Paul ?

À partir de cette histoire, quelles idées-clés retirez-vous concernant les deuils à faire pour mieux lâcher prise ?

→

À MÉDITER

- ✓ La vie est faite de nombreuses circonstances qui vous amènent à fermer des portes pour en ouvrir d'autres.
- ✓ Plus vous résistez à une nouvelle manière de voir les choses, plus vous souffrez.
- ✓ Ce à quoi vous résistez se renforce.
- ✓ Votre imagination vous ramènera toujours à une angoisse de séparation lorsque vous avez à laisser partir quelque chose.
- ✓ Comment est votre aptitude aujourd'hui à assimiler les douleurs et les souffrances de votre vie ?
- ✓ Le lâcher-prise vous met en relation avec la force de vie par opposition à la finitude humaine.
- ✓ Dans toute situation de deuil, vous avez besoin de vous réorganiser dans vos manières d'approcher la vie, de vous redéfinir dans ce que vous souhaitez, de retrouver un sentiment d'utilité par rapport à autrui.
- ✓ Après avoir lâché prise, vous avez à reconsidérer vos manières de voir et de réagir dans un état d'esprit le plus calme possible.
- ✓ Dans toute période difficile, vous pouvez vous faire aider (amis, thérapeute, famille…). Ils pourront jouer l'effet de filtre en attendant que vous soyez suffisamment solide pour affronter la situation difficile.

FAIRE DÉPENDRE SON BONHEUR DES CIRCONSTANCES EXTÉRIEURES

Si vous reliez votre bonheur aux contingences extérieures, vous risquez de maintenir une attention accrue aux choses, aux situations, aux événements, sans même vous en rendre compte, voulant à tout prix que tout se passe toujours bien, investissant votre énergie plus que de raison.

→ Vous vous êtes peut-être installé dans l'illusion que, si tout va bien autour de vous, vous vous sentirez bien en vous.

→ Vous vous êtes peut-être installé dans une attitude existentielle d'inquiétude du devenir, en reniant le réel tel qu'il pourrait être.

→ Vous vous êtes peut-être donné la mission de rendre les gens heureux en faisant dépendre votre bonheur du leur.

Certaines attitudes concernant le bonheur extérieur peuvent conforter la résistance à ne pas lâcher prise

- **Le « toujours plus »**

Cette attitude incite à obtenir de multiples choses pour réussir sa vie d'éternel insatisfait (plus d'amour, plus d'attention, plus d'activités...), mais parfois on s'obstine tellement à mettre son énergie dans l'obtention de ces choses qu'on en oublie d'apprécier ce qu'on a. Lâcher prise, c'est aussi être capable d'apprécier ce que l'on a déjà, ce que l'on est déjà.

- **L'« insatisfaction mimétique »**

Il est dans la nature de l'homme de chercher à reproduire ce qu'il voit du fonctionnement d'autrui, comme il a appris à le faire quand il était petit. Une fois satisfait par l'acquisition d'un objet, on peut être désireux d'en acquérir un autre parce que son voisin vient lui-même de se le procurer. Lâcher prise, c'est aussi être capable de trouver son propre modèle de fonctionnement.

- **L'« approbation à tout prix »**

Elle peut nous faire maintenir certains comportements pour obtenir l'agrément d'autrui afin de lui plaire. Lâcher prise, c'est aussi être capable de gagner en sa propre confiance et sa propre reconnaissance.

Lâcher prise, c'est aussi se satisfaire de sa richesse intérieure !

AUTOBILAN

Je teste ma capacité à lâcher prise

Il est toujours intéressant, à un instant T d'un parcours personnel, de prendre conscience de son profil réactionnel face aux événements par l'intermédiaire de questionnaires comportementaux. Ceux-ci visent à cibler des aptitudes à réagir en fonction de situations particulières. Ils n'ont de valeur qu'à cet instant précis de sa propre histoire.
Il ne s'agit pas ici de s'enfermer dans une réponse donnée, mais plutôt d'essayer d'en extraire les éléments qui parlent et qui pourraient donner des pistes quant aux savoir-faire déjà présents ou aux obstacles qui bloquent le passage vers un autre état d'être.

Alors, installez-vous confortablement et prenez le temps de répondre honnêtement aux situations suivantes...

TEST

Pour chaque question de ce test...

→ **choisissez une ou deux propositions et entourez-les.** Choisissez toujours la réponse qui privilégie le comportement le plus fréquemment observé ou l'attitude la plus courante. Si vous ne vous êtes jamais retrouvé dans l'une ou l'autre des situations proposées, imaginez ce que pourrait être votre réaction.

→ **reportez vos réponses dans le tableau de correspondance** à la fin du test.

→ **comptabilisez les items** et lisez le ou les profils significativement représentés.

2_Test produit avec l'aimable accord de ses créateurs, Frédérique Deloffre-Vye, coach et consultante en ressources humaines (www.croissens-consulting.com), et Loïc Bonneterre, coach et praticien en hypnose éricksonienne (www.loic-bonneterre.com).

1. Vous allez au cinéma découvrir une nouvelle comédie romantique.

A. Vous vous laissez porter par les émotions et les larmes ne tardent pas à monter.

B. Vous focalisez votre attention sur un acteur que, décidément, vous ne pouvez pas encadrer.

C. Vous commentez les faiblesses du montage et les incohérences du scénario.

D. Vous avez l'esprit qui ne tarde pas à vagabonder.

E. Vous vous moquez de tant de niaiserie.

F. Vous profitez de cette heure d'inactivité pour twitter.

2. Le temps libre de vos enfants...

A. Pour vous, c'est du temps à planifier et à organiser.

B. Pour vous, c'est du temps à utiliser à bon escient.

C. Pour vous, c'est du temps pour s'exprimer et s'amuser.

D. Pour vous, c'est du temps pour passer de bons moments ensemble.

E. Pour vous, c'est du temps libre pour rêver et s'ennuyer.

F. Pour vous, c'est un vide à occuper.

3. Un subordonné vous sollicite pour résoudre un problème technique insurmontable.

A. Vous vous acharnez jusqu'à ce que vous ayez une solution à ce problème.

B. Vous râlez et vous vous découragez.

C. Vous paniquez et envisagez le pire.

D. Vous partez vous changer les idées et revenez ensuite au problème.

E. Vous refilez le problème à un collègue avant qu'il ne vous explose à la figure.

F. Vous fustigez l'incompétence de votre collaborateur avant de vous atteler de façon méthodique à la tâche.

4. À l'issue d'une scolarité brillante, votre enfant passe le bac.

A. Vous avez oublié que c'était le jour J.

B. Vous accompagnez studieusement les séances de révision de votre enfant jusqu'au dernier moment.

C. Vous attendez nerveusement votre enfant à l'issue de l'épreuve en ayant préparé son goûter préféré.

D. Vous priez pour qu'il fasse honneur à la famille.

E. Vous pestez contre cette institution inutile génératrice de stress pour toute la famille.

F. « La compétition commence ! »

5. Les vacances...

A. Pour vous, c'est laisser libre cours à ses envies.

B. Pour vous, c'est toujours à organiser 6 mois à l'avance.

C. Pour vous, c'est le moment de se retrouver en famille.

D. Pour vous, c'est toujours l'occasion d'apprendre.

E. Pour vous, c'est tout simplement se laisser aller.

F. Pour vous, c'est vivre le frisson et l'exception.

6. Quand on vous dit « solitude »...

A. Vous pensez à la vie idyllique sur une île déserte.

B. Vous pensez au sentiment d'être abandonné.

C. Vous pensez à l'opportunité d'avancer efficacement sur vos dossiers.

D. Vous pensez à l'occasion de lire, d'apprendre, de vous retrouver.

E. Vous pensez à la traversée du désert, après le succès et le pouvoir.

F. Vous pensez aux mornes dimanches loin de vos amis.

7. Pendant les vacances...

A. Votre téléphone et Internet sont connectés, même en pleine forêt amazonienne.

B. Votre téléphone et Internet ne sont plus qu'un vieux souvenir.

C. Votre téléphone et Internet sont le moyen de rester connecté avec votre tribu.

D. Votre téléphone et Internet sont le gage indispensable de votre professionnalisme.

E. Votre téléphone et Internet sont le moyen d'entendre et de lire ceux que vous aimez.

F. Votre téléphone et Internet sont indispensables en cas d'urgence.

8. Deux de vos subordonnés en viennent aux insultes et sollicitent votre médiation.

A. Vous les renvoyez d'où ils viennent, eux et leurs enfantillages !

B. Vous faites preuve de compréhension, vous vous impliquez personnellement et terminez englué avec les combattants.

C. Vous prenez parti pour votre collaborateur préféré.

D. Vous en profitez pour diviser davantage, histoire d'asseoir votre pouvoir.

E. Vous vous rappelez opportunément l'existence d'une réunion.

F. Vous fustigez le manque de professionnalisme de vos subordonnés et leur rappelez l'intérêt supérieur de votre service, ici mis à mal.

9. Votre conjoint n'est pas particulièrement ordonné.

A. Vous aussi, alors qu'importe ?

B. Cela vous insupporte, c'est plus fort que vous...

C. Pour peu que cela n'envahisse pas votre territoire...

D. Vous en avez honte, ce n'est pas franchement classe, le souk...

E. Franchement, l'essentiel n'est pas là...

F. Vous passez derrière votre conjoint une fois de plus et rangez selon vos critères.

10. La détente par excellence...

A. Pour vous, c'est un massage relaxant.

B. Pour vous, c'est la griserie d'une course de quad.

C. Pour vous, c'est une séance de relaxation.

D. Pour vous, c'est une grille de mots fléchés.

E. Pour vous, c'est une bonne lecture.

F. Pour vous, c'est une partie de Wii entre copains.

11. Noël approche...

A. Vous vous faites une joie de retrouver votre famille.

B. Vous vous faites fort de perpétuer les traditions.

C. Vous partagez équitablement votre temps entre votre famille et votre belle-famille.

D. Vous essayez d'échapper à vos obligations familiales.

E. Vous organisez un Noël alternatif avec vos amis.

F. Vous préparez un réveillon qui brille de mille feux !

12. Un collègue ne vous apprécie pas.

A. Vous tenez absolument à en connaître et à en comprendre la cause.

B. Vous l'envoyez sur les roses.

C. Vous vous refermez comme une huître.

D. Vous vous en rendez malade et vous vous demandez ce que vous avez bien pu faire.

E. Vous pensez qu'il finira par s'en mordre les doigts.

F. Vous n'en faites aucun cas, seule la compétence compte.

13. Un vieux voisin vous lègue sa fortune, ce qui provoque la colère de sa famille.

A. Vous culpabilisez mais, après tout, ils n'ont que ce qu'ils méritent !

B. Vous vous réjouissez de ce jackpot inattendu !

C. Vous vous dites : « Le testament fait loi ! »

D. Vous vous battez pour que soit respectée la volonté du défunt.

E. Vous laissez le notaire débrouiller la situation.

F. Vous vous battez jusqu'au dernier centime !

14. On vous demande de diminuer les effectifs de votre équipe. Comment réagissez-vous ?

A. « Ce n'est pas possible ! La charge de travail est trop conséquente ! »

B. Vous préparez une analyse démontrant l'utilité de chacun de vos collaborateurs.

C. Vous prenez un rendez-vous et comptez sur votre pouvoir de conviction pour que cette décision soit annulée.

D. Vous angoissez à l'idée de devoir l'annoncer à votre équipe.

E. Vous jouez la montre.

F. Vous élaborez une stratégie de négociation à votre avantage.

15. C'est bientôt vos 50 ans…

A. Vous improvisez le jour J une soirée à la bonne franquette entre amis.

B. Vous mettez les petits plats dans les grands pour faire plaisir à vos invités.

C. C'est la fête !

D. Vous laissez à votre conjoint l'initiative d'une soirée au restaurant.

E. Vous missionnez votre conjoint pour mettre en scène une soirée inoubliable.

F. Vous souhaitez en faire un événement mémorable, c'est un cap !

16. Vous animez la réunion hebdomadaire de votre équipe.

A. Vous veillez à l'ordre du jour, à la qualité des échanges et au temps de parole !

B. Vous laissez le soin aux membres de votre équipe de mener la réunion, car décidément leurs échanges vous amusent.

C. Vous veillez à un moment de convivialité pour que chacun soit dans de bonnes dispositions.

D. Seule la décision que vous souhaitez vous importe, le reste n'est que stratégie pour y parvenir.

E. Vous en sortez toujours épuisé, c'est tellement mobilisateur d'énergie !

F. Vous donnez le ton, puis laissez chaque collaborateur s'exprimer avant de prendre les décisions qui s'imposent.

17. Contre toute attente, votre responsable critique une partie de votre travail lors de votre bilan annuel d'évaluation.

A. Vous prenez note des faits, réfléchissez et apportez à chaque critique une réponse construite.

B. Vous en restez coi et craignez que votre responsable ne vous fasse plus confiance.

C. Vous vous demandez où votre responsable veut en venir.

D. Vous cherchez à vous justifier, mais votre colère gronde.

E. Vous lui démontrez habilement que le maître du jeu n'est pas celui qu'on croit.

F. Vous vous murez dans le silence et il est difficile de savoir à quoi vous pensez.

Voilà ! Le test est terminé.

Vous allez maintenant entourer les réponses données à chaque question dans la colonne voulue, pour compter ensuite le nombre de ♠, de ♦, de ♣, de ♥, de ▲ et de ●, et prendre connaissance de vos tendances à réagir avec lâcher-prise ou non là où vous avez une majorité de réponses. Si ce n'est pas une mais deux formes qui se dégagent, lisez les deux textes.

	A	B	C	D	E	F
Question 1	♠	♦	♣	♥	▲	●
Question 2	♣	▲	♦	♠	♥	●
Question 3	▲	♦	♠	♥	●	♣
Question 4	♥	♣	♠	▲	♦	●
Question 5	♦	♣	♠	▲	♥	●
Question 6	♥	♠	♣	▲	●	♦
Question 7	●	♥	♦	♣	♠	▲
Question 8	▲	♠	♦	●	♥	♣
Question 9	♦	▲	♥	●	♠	♣
Question 10	♠	●	♥	♣	▲	♦
Question 11	♠	▲	♣	♥	♦	●
Question 12	▲	♦	♥	♠	●	♣
Question 13	♠	♦	♣	▲	♥	●
Question 14	♦	♣	▲	♠	♥	●
Question 15	♦	♠	●	♣	♥	▲
Question 16	▲	♦	♠	●	♥	♣
Question 17	♣	♠	▲	♦	●	♥

Vous avez une majorité de ♥

Vous avez une grande capacité à lâcher prise. Le lâcher-prise pour vous, c'est vous abstraire du monde, perdu dans la bulle de vos pensées, de votre créativité, de votre univers, à distance de vos congénères. Cette capacité hors normes à prendre le large a toutefois ses revers : le lâcher-prise se transforme parfois en fuite, symptôme d'un stress ingérable, au même titre que votre tendance à la somatisation. En résumé, vous avez un savoir-faire précieux pour vivre pleinement le lâcher-prise. Cultivez-le afin de le vivre positivement, comme une ressource de choix, et non négativement, comme une fuite ou un isolement.

Vous avez une majorité de ♠

Le lâcher-prise pour vous, c'est se laisser aller à des relations humaines vraies, sincères, dans lesquelles l'affect prend tout son sens. La peur de déplaire, la peur de décevoir, la peur de faire de la peine sont des sources de stress face auxquelles vous avez parfois du mal à lâcher prise. Votre difficulté à vous abstraire des émotions des autres vous empêtre dans leurs problématiques émotionnelles, que vous prenez pour les vôtres. Si seulement vous admettiez que votre valeur est inconditionnelle et que le regard et le comportement des autres ne sauraient rien y faire ! Mieux lâcher prise, ce serait pour vous de savoir renoncer à prendre continuellement soin d'autrui et de penser à vous faire du bien. Vivre entouré d'affection vous permettra de prendre toute la distance nécessaire à une vie moins stressante, plus confortable. Accepter le fait que vous n'êtes pas responsable des émotions des uns et des autres vous sera d'une grande aide pour lâcher prise.

Vous avez une majorité de ♦

Vous avez une façon bien personnelle de lâcher prise. Pour vous, le lâcher-prise s'exprime par des bougonnements, de l'ironie… Lâcher prise, ce n'est pas pour autant tout envoyer promener à la moindre contrariété en s'écrier « Je m'en fous, j'en ai assez ! » pour donner l'illusion (qui ne trompe que vous) du détachement, d'une désinvolture de bon aloi. Vous acceptez difficilement les directives de votre manager et la contradiction. Le lâcher-prise est pour vous une sorte de judo consistant à apprivoiser les contraintes pour vous libérer de vos propres démons, ces démons qui vous rappellent que, quoi que vous fassiez, vous êtes coincé et qu'il faudra vous en sortir tout seul ! Acceptez de demander de l'aide ! Faire tomber le masque du trublion vous donnera une vraie capacité à lâcher prise et à ne plus rendre responsable votre entourage de vos désagréments.

Vous avez une majorité de ♣

Le lâcher-prise est pour vous un concept difficile à comprendre et à saisir. Soumis à l'impératif de la pendule et du professionnalisme à tout prix, vous pouvez parfois en devenir esclave. Organiser, programmer, développer vos compétences sont des ressources précieuses pour vous. Avoir le contrôle du temps est pour vous un moyen de ne pas être sous stress et vous donne l'illusion que tout est sous contrôle. Une voie de progression dans le lâcher-prise serait pour vous d'accepter que vos compétences ainsi que votre engagement professionnel ne doivent pas excéder un certain cadre, certains horaires. Les vacances, les loisirs, votre famille, les amitiés sont aussi utiles que le travail, et on s'en rend parfois compte trop tard. Ne pas savoir ou ne pas savoir faire, ou avoir un peu de retard, n'est-ce pas somme toute dérisoire au crépuscule de la vie ? Vous devez tenir ce chemin de crête difficile entre la rassurante anticipation des événements et un lâcher-prise qui vous rendra vivable pour votre entourage.

Vous avez une majorité de ▲

Le lâcher-prise pour vous, c'est une belle doctrine, mais en pratique cela ne vous parle pas. Structuré par des valeurs et des conventions, des principes et une loyauté indéfectible dans vos engagements (le travail au premier titre), vous vivez dans un carcan parfois source de souffrance. Vous vous devez de toujours être à la hauteur, quels que soient les événements. Cela est usant et extrêmement consommateur d'énergie. Une voie de progression dans le lâcher-prise serait d'assouplir ce cadre, de baisser le niveau d'exigence à votre égard et à celui des autres. Renoncer à être parfait, à faire du travail toujours parfait, à la perfection des autres, c'est déjà lâcher prise. Reconnaître que vous êtes compétent et que vous n'avez pas à repartir du bas de la montagne à chaque nouveau projet vous sera d'une grande aide pour lâcher prise. Osez la confiance en vous et envers les autres !

Vous avez une majorité de ●

Peut-être par angoisse, vous manifestez le besoin de tout maîtriser, les choses comme les gens. L'incertitude des relations, soumises aux aléas des émotions, et l'angoisse du temps libre, qui n'appelle aucune action, sont sources de malaise. En un mot, le lâcher-prise vous est par définition étranger puisque vous privilégiez en toute occasion l'action et la plongée dans la mêlée. Lâcher prise pour vous, c'est parvenir à mettre à distance et à interroger votre course effrénée à l'action, au succès, à la performance. Qu'avez-vous besoin de prouver ? À qui ? Pour quoi ?

2 L'INFLUENCE DE LA PENSÉE :

CROYANCES ET MESSAGES CONTRAIGNANTS QUI FONT OBSTACLE AU LÂCHER-PRISE

Un peu de théorie

Tout au long de la vie, et plus particulièrement lors de l'éducation primaire, chaque enfant est soumis à différents messages extérieurs, aussi bien positifs que négatifs, qu'il entend, voit ou perçoit, dont il s'imprègne inconsciemment. Ils sont issus des attitudes et des comportements répétitifs des parents, des phrases récurrentes, des lectures, des conseils donnés par l'entourage proche, des manières d'agir des uns et des autres… De là, chacun construit ses messages intérieurs sous forme de croyances, comme un Jimini Cricket permanent qui va influencer ses comportements, ses réactions et ses choix.

Les **messages contraignants,** ou drivers, étudiés par Éric Berne dans l'analyse transactionnelle, ne sont pas efficaces pour vivre mieux, mais ils représentent la promesse illusoire d'une solution à la vie… Ils deviennent comme une exigence excessive vis-à-vis de soi, une forme d'**obligation** que l'on se donne (consciente ou inconsciente) et que l'on doit suivre à tout prix en pensant que cela rend heureux. De différents ordres, ils représentent la manière qu'a chacun d'envisager la vie autour des aspects de la « perfection », de l'« endurance », du « plaisir », de l'« effort », de la « rapidité d'action » et de l'expression de sa « force ».

LE « SOIS PARFAIT », OU L'ATTACHEMENT OBSESSIONNEL À LA PERFECTION

INSTANT MÉDITATIF

Le mythe d'Icare

Toute l'histoire d'Icare découle de celle de son père. À la demande de Minos, Dédale construisit un labyrinthe pour cacher le Minotaure, mais il fut enfermé dans le labyrinthe avec Icare suite à une trahison de Minos. Afin de pouvoir s'évader de ce lieu, Dédale construisit, pour Icare et lui-même, des ailes faites de cire et de plumes. Il lui conseilla de ne pas voler trop près du soleil pour que la cire ne fonde pas, ni trop près de la mer pour que les embruns n'alourdissent pas les plumes. Icare désobéit à son père et s'éleva vers le soleil, comme un aboutissement de son voyage, mais il n'était pas si habile qu'il le pensait. En s'approchant trop près du soleil, la cire fondit et il fut précipité dans la mer.

Que vous évoque ce texte par rapport au lâcher-prise ?

Icare s'est brûlé les ailes pour avoir voulu approcher de trop près le soleil. Symboliquement, ce mythe relie au désir de l'homme d'aller toujours plus loin, de **tendre vers la perfection des choses,** de dépasser sa condition d'humain. Le sentiment que « tout est parfait » rapproche d'une certaine manière de la perfection divine. Il invite l'homme à se surpasser pour échapper à sa condition limitée d'être humain, oubliant de lâcher prise à un moment donné de son envolée au risque de perdre ses ailes, brûlées par le soleil. N'oublions pas que nous sommes des êtres de chair, et que le chemin pour nous connaître passe aussi par l'acceptation de nos « imperfections ».

Le message du « Sois parfait »

Je n'ai pas le droit à l'erreur, tout doit être impeccable, alors je dois tout contrôler et être le meilleur.

Ce message est hérité de phrases comme :

- tu peux mieux faire ;
- c'est pas mal, mais j'attendais mieux de toi ;
- ne te laisse pas aller. Tout doit être impeccable.

Vous retrouvez-vous dans la personnalité du « Sois parfait » ?

Votre niveau d'exigence avec vous-même et avec les autres est très élevé. Vous aimez vous perdre dans les détails, être précis, organisé. Vous voulez toujours faire bien. Vous ne supportez pas l'à-peu-près, l'incompétence, ce qui n'est pas terminé, mais vous n'êtes jamais vraiment satisfait du résultat. Vous craignez l'échec et vous avez peur de perdre le contrôle sur les événements. De ce fait, vous avez beaucoup de mal à déléguer à autrui. Vous aimez que les choses soient réalisées comme vous le souhaitez, sinon vous êtes capable de repasser derrière quelqu'un pour refaire à votre manière.

La promesse illusoire qui fait rêver est celle de pouvoir toujours faire mieux que tout le monde pour être reconnu. Vous briguez le sans-faute, l'impeccable, le sans-pli. Cette volonté de perfection pousse au désir de tout maîtriser et occasionne une anxiété de plus en plus grande lorsque la vie amène à vivre des impondérables. Le surmenage physique ou psychologique survient avec un risque de dépression, car vous mettez la barre beaucoup plus haut que ce qui est nécessaire pour que les choses soient réussies.

Le lâcher-prise pour un « Sois parfait »

Pour pouvoir lâcher prise, vous devez accepter de revoir votre sens de l'« impeccabilité » et apprendre à lâcher la tension du « vouloir maîtriser ». Vous devez renoncer à être parfait en tout. Vous avez à défaire votre attachement obsessionnel à l'« irréprochabilité ». Un des gros challenges pour vous est d'accepter l'erreur sans culpabiliser si vous n'arrivez pas à mener à bien toutes vos affaires. Vous aurez à vous autoriser à être vous, à être humain et à reconnaître votre compétence. Tout n'est pas à refaire depuis le départ tout le temps !

Vous oubliez parfois qu'il est possible d'envisager la vie en admettant qu'il n'est pas possible de tout maîtriser, et qu'en acceptant les contraintes de la réalité vous gagnerez en sérénité... Admettez aussi qu'une action n'a pas besoin d'être parfaite pour être valable !

> **Après une multitude de tentatives pour créer une ampoule à filament, Thomas Edison a dit : « Je n'ai pas échoué. J'ai simplement trouvé 10 000 solutions qui ne fonctionnent pas. »**

EXERCICE Je questionne mon « Sois parfait »

À VOUS

Cheminez sur ce petit parcours interrogatif, conçu pour vous faire progresser dans le repérage de vos obstacles personnels en relation avec le « Sois parfait ».

Comment recadrer positivement un échec ?

Recherchez les certitudes qui vous poussent à être « parfait ».

Dans quelles situations votre « Sois parfait » est-il un moteur, une ressource pour vous ?

Dans quelles situations vous empêche-t-il de lâcher prise ?

À VOUS

Afin d'alléger l'attachement excessif à la perfection et à la maîtrise de tout, vous pouvez choisir de lâcher les aspects qui ne sont pas bénéfiques pour vous tout en conservant ceux qui vous font vivre tranquillité et innocence.

Quels aspects voulez-vous conserver ?

Quels aspects acceptez-vous de lâcher ?

L'échec : une solution qui n'a pas fonctionné.

LE « FAIS EFFORT », OU L'INFLEXIBILITÉ À LA VIE

INSTANT MÉDITATIF

Le mythe d'Hercule

Hercule était le fils illégitime de Zeus. Héra, la femme de ce dernier, apprit son infidélité et décida de tuer Hercule, connu aussi sous le nom d'Héraclès. Hercule, enfant courageux, réussit à éviter le piège. En grandissant, il apprit l'art du combat et de l'habilité, développant ainsi sa force, mais il avait des difficultés à contrôler sa puissance. Il tomba amoureux de Mégara et eut des enfants avec elle, mais Héra, toujours pour se venger, fit descendre sur lui un accès de folie pour qu'il tue toute sa famille. Pris de culpabilité à son réveil, il consulta l'oracle de Delphes, qui pour l'aider à se purifier lui conseilla de se mettre au service de son plus vieil ennemi. C'est ainsi qu'Hercule accepta d'accomplir douze travaux que lui confia le roi : tuer le lion de Némée, tuer l'hydre de Lerne, un gigantesque serpent dont l'extrémité se terminait par cinquante têtes, rapporter vivant le sanglier d'Érymanthe, capturer la biche de Cérynie...

Que vous évoque ce texte par rapport au lâcher-prise ?

Hercule doit accomplir des travaux considérables avant de devenir un demi-dieu. C'est un héros de la vie qui ne s'arrête jamais de combattre, un dompteur de monstres, inflexible face aux travaux demandés, courageux face aux exploits réputés irréalisables.

Symboliquement, ce mythe amène à réfléchir **au courage que l'on met à supporter les épreuves** qui s'enchaînent les unes aux autres. À quel moment peut-on cesser de faire des efforts quant aux tâches que l'on estime incontournable – toutes pour ainsi dire – et que l'on considère comme des exploits, qui feront de soi des êtres à la hauteur de... Quand peut-on cesser de se mettre la pression ? Quand accepter que l'estime de soi ne viendra pas de ces efforts insensés ?

À force de ne jamais s'arrêter, l'énergie peut venir à manquer, car l'être humain n'est pas un demi-dieu comme Hercule. À quel moment la persévérance devient-elle de l'acharnement excessif, de la volonté de réussir à tout prix ? Chacun a des limites, qu'il se doit de connaître pour éviter l'épuisement, même s'il adhère à l'idée que les limites sont là pour être dépassées. Il y a un juste temps pour tout !

Le message du « Fais effort »

J'ai très peur de ne pas être à la hauteur, alors il est important que je donne l'impression d'en faire beaucoup. Je dois mettre mon énergie à faire des efforts plutôt qu'à être efficace.

Ce message est hérité de phrases comme :

- fais encore un effort ;
- à vaincre sans peine, on triomphe sans gloire ;
- tu n'es pas assez persévérant.

Vous retrouvez-vous dans la personnalité du « Fais effort » ?

Votre niveau d'inflexibilité à l'effort dépasse l'entendement. Vous pourriez avoir 39 degrés de température, un bras dans le plâtre et une angine carabinée que vous vous voudriez encore aller travailler. Vous voulez toujours montrer que vous faites de votre mieux, que vous êtes à la hauteur de ce que les autres attendent sûrement de vous. Vous êtes plus que persévérant, obstiné et travailleur. Le repos ne fait pas partie de votre vocabulaire. Vous estimez que les vacances et les loisirs ne sont pas forcément nécessaires, en tout cas jamais avant d'avoir terminé la réalisation de vos projets.

La promesse illusoire qui fait rêver est celle de ne jamais se reposer, de toujours se contraindre afin d'être reconnu pour ses efforts et de s'interdire d'arrêter une action ou de terminer une tâche parce que l'on peut toujours. Vous avez tendance à minimiser et à dévaloriser les résultats obtenus avec facilité. Vous vous pensez solide et à tout épreuve. Vous êtes incapable de discerner votre niveau de fatigue. À la longue, si vous ne lâchez pas prise de votre tendance à vous démener, parfois en compliquant les situations, vous risquez de vous retrouver dans le pessimisme, la dépression et un très grand épuisement physique et moral.

Le lâcher-prise pour un « Fais effort »

Pour pouvoir lâcher prise, vous devez apprendre à reconnaître et à accepter vos limites. Vous devez repérer lorsque vous êtes fatigué avant d'arriver à l'épuisement, d'où l'importance de mieux connaître votre corps et ses limites. Il sera important pour vous d'intégrer des moments de repos dans votre journée, votre semaine, votre mois, votre année. La détente et le plaisir de la vie sont des notions à reconsidérer.

Vous avez à sortir de votre inflexibilité à la vie en renonçant à être en lutte permanente avec celle-ci. Retrouver votre simplicité d'être vous permettra de vous installer dans le gain et le succès de la vie. Parler de bonheur, de réussite facile, ne pas vouloir toujours tout réformer, vous permettra de changer de point de vue lorsque cela sera nécessaire. Vous autoriser à changer de direction en cours de projet lorsque c'est nécessaire vous remettra dans un courant de vie plus agréable et harmonieux, pour votre plus grande joie.

> Nous sommes reliés au monde, et aux mystères des univers, par des liens subtils. Ta rencontre avec les autres a pour objectif ta propre harmonie.
>
> *Dugpa Rimpoché*

EXERCICE Je questionne mon « Fais effort »

À VOUS Cheminez sur ce petit parcours interrogatif, conçu pour vous faire progresser dans le repérage de vos obstacles personnels en relation avec le « Fais effort ».

- **Quelle différence faites-vous entre repos et sommeil ?**

______

______

______

- **Recherchez les certitudes qui vous poussent à vouloir être « solide et à la hauteur ».**

______

______

______

- **Dans quelles situations votre « Fais effort » est-il un moteur, une ressource pour vous ?**

______

______

Dans quelles situations vous empêche-t-il de lâcher prise ?

À VOUS

Afin d'alléger l'inflexibilité à l'effort, vous pouvez choisir de lâcher les aspects qui ne sont pas bénéfiques pour vous tout en conservant ceux qui vous font vivre souplesse et efficacité.

Quels aspects voulez-vous conserver ?

Quels aspects acceptez-vous de lâcher ?

☑ **Le repos est une décontraction consciente du corps et un apaisement de l'esprit. Il permet le détachement des problèmes et prépare à utiliser des forces inutilisées.**

☑ **Le sommeil permet un changement de niveau de conscience. Il ouvre sur une autre réalité. En lâchant le contrôle et la persévérance à tout prix, il permet le ressourcement et le renouvellement des forces.**

LE « SOIS FORT », OU LA TOUTE-PUISSANCE

INSTANT MÉDITATIF

Le mythe d'Atlas

Atlas était le fils du Titan Japet et de l'Océanide Clyméné. Ses frères étaient Épiméthée, Prométhée et Ménoetios. Atlas, l'aîné, gouvernait un royaume bordé par une côte très vaste, l'Atlantide. C'était une terre fertile et riche, sur laquelle étaient construites des villes splendides, avec des palais, des ports et des temples. Au début, ses habitants étaient des hommes extrêmement vertueux, portant avec sérénité le fardeau de leur immense richesse en or et en argent. Un jour, la cupidité et la méchanceté envahirent leur cœur et, avec la permission de Zeus, les Athéniens les attaquèrent pour les punir. Au même moment, les dieux envoyèrent un déluge, qui engloutit l'Atlantide entière en un jour et une nuit. Atlas et Ménoetios se joignirent à Cronos, entre autres, contre Zeus et les dieux de l'Olympe qui avaient permis l'anéantissement de l'Atlantide. Zeus tua Ménoetios d'un trait de sa foudre et l'envoya dans le Tartare, mais il épargna Atlas, qu'il condamna à porter la voûte céleste sur ses épaules pour toute l'éternité.

Que vous évoque ce texte par rapport au lâcher-prise ?

Atlas fut condamné à soutenir la voûte du ciel, figurant ainsi les piliers qui séparent le ciel et la terre, la verticalité et l'horizontalité. Atlas est donc un surhomme qui lutte contre les forces naturelles de la terre et de la pesanteur.

Symboliquement, ce mythe amène à réfléchir sur **la « puissance » de la verticalité,** le fait de se tenir debout malgré la gravitation terrestre, l'individualité, en lien avec le désir d'exister et d'agir pleinement dans le monde, par rapport à **l'« impuissance » de l'horizontalité,** symbolisant le fait de lâcher prise, le laisser-faire, pour aller dans le sens de ce qui est naturel et récupérateur (comme toute position allongée de repos et de sommeil).

Le message du « Sois fort »

J'ai vraiment l'impression qu'il ne faut pas demander de l'aide,
sinon on va me juger incapable. Je me débrouille donc seul et je suis très exigeant avec moi-même.

Ce message est hérité de phrases comme :

- il faut être courageux dans la vie ;
- ce qui ne tue pas rend plus fort ;
- un garçon ne pleure pas.

Vous retrouvez-vous dans la personnalité du « Sois fort » ?

Votre capacité à supporter l'angoisse, l'inconfort et la difficulté est sans limite. Votre tendance à faire face à des situations extrêmement difficiles et à prendre sans défaillance des fardeaux supplémentaires, avec un fort sens du devoir, est sans faille. Les poids vous tombent dessus, et vous voulez toujours les soulever. Et quand bien même vous ne pourriez vraiment pas les soulever, nous dit Bachelard (philosophe français des sciences et de la poésie), vous imagineriez les soulever malgré tout.

La promesse illusoire qui fait rêver est celle de pouvoir toujours prouver que vous êtes le plus fort. Cette volonté de puissance autant physique que morale sur les choses pousse à toujours vouloir dominer votre monde, le portant ainsi sur vos épaules en permanence. Ce qui pousse souvent à aller au-delà de son exigence, au risque d'atteindre un burn out psychologique, physique ou affectif : c'est la négation ou la déconnexion des émotions. En effet, les émotions sont considérées comme une faiblesse, et le « Sois fort », un chef de la résolution des problèmes, n'aime pas être considéré comme faible.

Le lâcher-prise pour un « Sois fort »

Pour pouvoir lâcher prise, vous devez accepter de vous « ramollir », de ne pas considérer le lâcher-prise comme une faiblesse mais de reconnaître votre impuissance à contrôler la vie. L'utilisation de « permissions mentales », comme accepter de s'ouvrir en exprimant vos besoins ou encore choisir d'accepter votre vulnérabilité, contribuera à vous faire vous sentir mieux alors que la pression se relâchera au fur et à mesure que les fardeaux s'allégeront.

Il est parfois plus souhaitable de prendre le risque de se montrer tel que vous êtes, avec vos faiblesses et vos doutes, que de rester enfermé dans vos certitudes. En privilégiant l'expression de vos idées et de vos sentiments, vous parviendrez à une communication plus ouverte. La lucidité se développera, permettant de repérer plus facilement les signaux qui feront dire que la coupe est pleine. La confiance et l'estime de soi, véritable force intérieure, prennent alors davantage le devant de la scène afin de se défaire de l'emprise de cette toute-puissance.

> Nous souhaitons transformer le monde en un catalogue de nos images.
>
> *Bachelard*

EXERCICE Je questionne mon « Sois fort »

À VOUS À nouveau, cheminez sur ce petit parcours interrogatif, conçu pour vous faire progresser dans le repérage de vos obstacles personnels en relation avec le « Sois fort ».

- **Quelles différences faites-vous entre une faiblesse et une fragilité ?**

____

____

____

- **Recherchez les certitudes qui vous poussent à vouloir être « fort ».**

____

____

____

- **Dans quelles situations votre « Sois fort » est-il un moteur, une ressource pour vous ?**

____

____

____

Dans quelles situations vous empêche-t-il de lâcher prise ?

À VOUS

Afin d'alléger le poids sur vos épaules en relation avec votre « toute-puissance », vous pouvez choisir de lâcher les aspects qui ne sont pas bénéfiques pour vous tout en conservant ceux qui vous font vivre légèreté et agréabilité.

Quels aspects voulez-vous conserver ?

Quels aspects acceptez-vous de lâcher ?

La faiblesse implique un jugement moral négatif qui peut détourner d'une mise en action réelle, alors que la fragilité ramène à l'idée de la sensibilité personnelle, à la vulnérabilité. Le simple fait d'être humain implique d'avoir une sensibilité, ce qui pousse parfois à la prudence consciente de faire attention à soi en reconnaissant la nécessité d'avoir besoin de l'autre.

LE « FAIS VITE », OU LE CONTRÔLE SUR LE TEMPS

INSTANT MÉDITATIF

Le mythe de Philémon et Baucis

Zeus, lassé de goûter au nectar et à l'ambroisie de l'Olympe, aimait randonner sur terre incognito. Un jour, il voulut savoir jusqu'à quel point le peuple phrygien pratiquait l'hospitalité. Le père des dieux et des hommes s'intéressait tout particulièrement à cette vertu, puisque tous ceux qui cherchaient refuge dans un pays étranger se trouvaient sous sa protection personnelle. Avec Hermès, ils parcoururent le pays en demandant partout de quoi se restaurer et un coin pour se reposer. Personne ne voulut les recevoir tant chacun était pressé dans ses activités. Ils arrivèrent enfin devant une cabane à l'aspect particulièrement humble. Là, Philémon et Baucis leur offrirent l'hospitalité. Le lendemain, les dieux les emmenèrent sur une montagne pour les préserver d'un déluge, envoyé par eux pour punir les hommes inhospitaliers. Ils changèrent leur cabane en temple, dont Philémon et Baucis souhaitèrent être les gardiens. Ils vécurent ainsi dans le temple jusqu'à leur dernier jour, et, au moment de mourir, furent changés en chêne pour Philémon et en tilleul pour Baucis, afin qu'ils continuent d'exister pour l'éternité.

Que vous évoque ce texte par rapport au lâcher-prise ?

Philémon et Baucis, un couple de vieillards, avaient si bien pris le temps d'accueillir les dieux pendant leur voyage que ceux-ci, pour les récompenser, les transformèrent après leur mort en arbres pour l'éternité.

Symboliquement, ce mythe fait réfléchir à la notion **d'accueil et d'immortalité.** Il existe en chacun **une peur inconsciente de perdre son immortalité.** Celle-ci peut pousser à toujours faire les choses rapidement, comme si la vie allait s'arrêter demain, sans forcément prendre le temps d'accueillir ce que la vie propose comme venant des dieux, sans l'apprécier pleinement, ni celui de la vivre en profondeur. Le lâcher-prise devient alors une véritable ressource en créant un espace suffisant entre soi et les expériences, afin que le mieux se produise au-delà même de ce que l'on peut désirer et souhaiter.

Le message du « Fais vite »

Je cours toujours, je fais les choses très vite et j'entreprends plusieurs tâches à la fois parce que ça me stimule.

Ce message est hérité de phrases comme :

- arrête de traîner ;
- il faut se dépêcher pour être à l'heure ;
- tu es trop lent.

Vous retrouvez-vous dans la personnalité du « Fais vite » ?

Votre volonté de contrôler le temps fait que vous avez tendance à vous mettre dans un rythme effréné pour réaliser les choses. Vous pouvez mépriser la lenteur des autres, au point de faire les choses à leur place pour gagner du temps. Vous pouvez passer pour quelqu'un de très énergique, mais cette énergie vient plus du stress de manquer de temps que d'une réelle vitalité intérieure. Vous êtes beaucoup plus axé sur le « faire » que sur l'« être » ou sur les êtres qui vous entourent.

La promesse illusoire qui fait rêver est de considérer une action réalisée rapidement comme plus vertueuse. Vous pensez probablement que vous n'avez pas assez de temps pour faire tout ce que vous avez à faire. Ce qui est important pour vous, c'est d'être toujours en activité. D'une certaine manière, cela vous prouve que vous êtes vivant. Vous avez peut-être peur du vide, du « rien ». Le temps libre vous angoisse. Contrôler le temps à votre guise est un moyen pour vous de ne pas être sous stress. Votre peur de manquer de temps peut générer de l'angoisse qui, à terme, pourrait inciter à la procrastination et donc au néant.

Le lâcher-prise pour un « Fais vite »

Pour pouvoir lâcher prise, vous devez vous reconnecter avec vous-même. Faire le contact avec vous sans vous fuir vous permettra de faire le contact avec l'autre dans vos activités. Ce contact ne peut se placer que dans l'instant présent, et vous devez apprendre à vivre l'instant présent en toute sérénité. Vous avez à vous remplir avec vous-même.
Vous devez aussi sortir de votre volonté de contrôler le temps sans tomber spécialement dans la résignation, qui vous pousserait vers la frustration et le repli sur vous-même.

Accepter que tout n'est pas contrôlable et que vous avez le droit de prendre votre temps pour apprécier la vie est aussi important que de savoir gérer le stress de la rapidité. Accepter que vous puissiez réaliser les choses à votre propre rythme et dans le temps juste permettra de retirer de la pression intérieure pour vivre en paix, avec tranquillité. Et si vous avez besoin d'émotions fortes, peut-être pouvez-vous envisager de pratiquer certains sports, comme la course de voiture, pour aller jusqu'au bout de votre fantasme de rapidité.

> Dès que vous honorez le moment présent, tout malheur et tout combat disparaissent, et la vie se met à couler dans la joie et la facilité.
>
> *Eckhart Tolle*

EXERCICE Je questionne mon « Fais vite »

À VOUS Cheminez sur ce petit parcours interrogatif, conçu pour vous faire progresser dans le repérage de vos obstacles personnels en relation avec le « Fais vite ».

- **Quel est l'intérêt de contacter le silence et le vide en vous-même ?**

- **Recherchez les certitudes qui vous poussent à ne jamais être dans le « silence de la vie ».**

- **Dans quelles situations votre « Fais vite » est-il un moteur, une ressource pour vous ?**

Dans quelles situations vous empêche-t-il de lâcher prise ?

À VOUS

Afin d'alléger votre volonté de contrôler le temps, vous pouvez choisir de lâcher les aspects qui ne sont pas bénéfiques pour vous, tout en conservant ceux qui vous font vivre temps libre et justesse du temps.

Quels aspects voulez-vous conserver ?

Quels aspects acceptez-vous de lâcher ?

Le silence et le vide permettent aux choses essentielles d'exister. Vous êtes fait de beaucoup plus de vide que vous ne pouvez l'imaginer. La distance séparant les atomes dans vos cellules est plus grande que la taille de ces mêmes atomes. Sentir, percevoir ou plonger dans ce silence et ce vide en vous produit un changement de plan de conscience qui vous ramène au contact apaisant de l'immobilité et du calme de l'être.
Au-delà du vide, il y a la lumière !

LE « FAIS PLAISIR », OU LA CODÉPENDANCE AFFECTIVE

INSTANT MÉDITATIF

Le mythe de Calypso

Calypso, fille d'Atlas, était nymphe et reine de l'île d'Ogygie. Après une tempête déchaînée par Poséidon, le navire dans lequel se trouvaient Ulysse et son équipage sombra. Seul Ulysse en réchappa. Il dériva pendant plus de neuf jours pour atteindre finalement Ogygie. Calypso l'accueillit chez elle et, très rapidement, tomba amoureuse du héros. Elle lui demanda de rester auprès d'elle. Pendant sept ans, elle essaya vainement de le satisfaire, lui offrant toujours plus de cadeaux, dont celui de l'éternelle jeunesse et de l'immortalité. Pourtant, Ulysse ne pouvait oublier sa famille, et il passait ses journées à pleurer sur le bord de mer. Conseillé par Athéna, Zeus décida alors de rendre visite à Calypso par l'intermédiaire d'Hermès. Il ordonna à Calypso de laisser partir Ulysse, lui disant que son destin n'était pas de mourir loin de ses amis. Malgré sa douleur et l'enfant à naître, Calypso obéit. Elle informa le héros qu'il pouvait dorénavant partir. Une dernière fois, elle lui demanda de rester sur son île où elle satisferait à tous ses désirs, mais Ulysse ne céda pas. Alors, Calypso l'aida à construire son radeau et le renvoya de l'île. Calypso ne put jamais se consoler du départ d'Ulysse.

Que vous évoque ce texte par rapport au lâcher-prise ?

Calypso a tout essayé pour conserver l'amour d'Ulysse, alors qu'il n'était intéressé que par une chose : rentrer chez lui.

Symboliquement, ce mythe exprime **l'impossibilité de satisfaire l'autre, qu'il soit un ami, un collègue, un partenaire ou un compagnon,** quoi que l'on fasse, lorsqu'il n'est pas dans l'état d'esprit d'accueillir ce qu'on a à partager. Faire le bonheur de l'autre à tout prix est impossible. Vouloir combler l'autre sans tenir compte de ce qu'il veut est épuisant pour soi. L'amour de l'autre et sa reconnaissance ne peuvent pas être gagnés en s'obstinant à lui faire plaisir… malheureusement !

Lâcher prise de votre « vouloir satisfaire » l'autre à tout prix permet de lui laisser l'espace du choix. La première personne à combler, en réalité, c'est vous.

Le message du « Fais plaisir »

Ce qui est important pour moi, c'est que les autres m'aiment, alors j'accepte de faire ce qu'ils me demandent même si je suis débordé.

Ce message est hérité de phrases comme :

- sois gentil ;
- pour me faire plaisir, tu peux faire ça ;
- si tu ne manges pas ta soupe, tu vas faire de la peine à papa et à maman.

Vous retrouvez-vous dans la personnalité du « Fais plaisir » ?

Votre fort besoin d'être reconnu par autrui oriente vos actions vers la satisfaction de l'autre. Vous voulez absolument plaire à l'autre, même à votre propre détriment. Vous êtes capable de vous frustrer beaucoup pour ne pas décevoir. Dire non est difficile pour vous. Vous vous oubliez souvent au profit du désir de l'autre par peur de déplaire, de décevoir, de faire de la peine, d'être rejeté.

La promesse illusoire qui fait rêver est d'être aimé et accepté par tous, et de pouvoir satisfaire tout le monde pour ne pas souffrir soi-même. La peur d'être abandonné peut vous faire tomber dans des dépendances affectives. Vous pouvez aussi vous épuiser à rechercher l'approbation de tous, ce qui n'est possible qu'à condition de prendre le rôle de la girouette au vent… et encore ! Si vous lâchez prise dans certaines situations, vous avez peur de passer pour un égoïste, d'être indifférent aux choses.

Le lâcher-prise pour un « Fais plaisir »

Pour pouvoir lâcher prise, vous devez vous recentrer sur votre valeur personnelle, accepter vos valeurs et non celles des autres. Renoncer à prendre soin d'autrui peut être un véritable défi, mais devenir un peu « égoïste » vous fera du bien. Ce recentrage sur vous-même vous aidera à revisiter votre conception de l'individualité, qui dit que « j'existe au même titre que l'autre existe », « je suis aussi important que l'autre, pas plus, pas moins ». Faites-vous plaisir sans culpabiliser.

De ce fait, vous sortirez plus facilement de la dépendance affective d'autrui pour gagner en autonomie, en apprenant aussi à vous alimenter de l'amour en vous-même. La reconnaissance de vos propres besoins facilitera le lâcher-prise lorsque vous penserez que vous êtes responsable des émotions des autres. Agir en tenant compte de vos propres critères et de vos propres besoins, autant que de ceux des autres, vous permettra de vous faire respecter.

> Nous donnerions tout pour savoir quelles sont les conditions du plaisir et du déplaisir, mais les éléments de cette connaissance nous manquent précisément.
>
> *Sigmund Freud*

EXERCICE Je questionne mon « Fais plaisir »

À VOUS Cheminez sur ce petit parcours interrogatif, conçu pour vous faire progresser dans le repérage de vos obstacles personnels en relation avec le « Fais plaisir ».

Quelle différence faites-vous entre codépendance et covivance ?

(peu importe la relation dans laquelle vous êtes, professionnelle, amicale, sentimentale...)

Recherchez les certitudes qui vous poussent à toujours « faire plaisir » à l'autre même quand on ne vous le demande pas.

■ Dans quelles situations votre « Fais plaisir » est-il un moteur, une ressource pour vous ?

■ Dans quelles situations vous empêche-t-il de lâcher prise ?

À VOUS

Afin d'alléger votre envie de faire plaisir et votre codépendance affective à l'autre, vous pouvez choisir de lâcher les aspects qui ne sont pas bénéfiques pour vous, tout en conservant ceux qui vous font vivre joie et amour ou amitié vraie et sincère.

■ Quels aspects voulez-vous conserver ?

■ Quels aspects acceptez-vous de lâcher ?

☑ **Dans la codépendance, il y a un genre de fusion agréable au départ. L'autre représente une pseudo-sécurité existentielle. La présence de l'autre calme l'anxiété, qui se réinstalle lorsqu'il n'est plus là. La relation de codépendance est une relation de sacrifice, de domination alternative, où l'un des deux protagonistes n'a pas forcément conscience des conséquences de ses actes. Les sentiments de culpabilité et d'impuissance à changer les choses s'installent avec le temps.**

☑ **Dans la covivance, se placent le respect de soi et le respect de l'autre. Chacun prend la place qui lui revient, accordant bienveillance et équité dans la relation. La présence de chacun enrichit l'autre. Les individualités s'expriment dans l'équité et le bénéfice mutuel. Les sentiments d'entraide équilibrée et de coopération juste donnent le sentiment de pouvoir agir sur les choses.**

GRANDIR
de Jean de Monbourquette

M'attacher à toi...	Me détacher de toi...
... a mis au jour et mon égoïsme et ma générosité.	... m'a fait explorer et ma tristesse et ma joie.
... m'a permis de développer et ma tendresse et ma froideur.	... m'a fait connaître et la détresse et la force de m'en sortir.
... m'a fait prendre conscience et de ma sexualité et de ma spiritualité.	... m'a fait découvrir et ma dépendance et mon autonomie.
... m'a fait connaître et l'enfant et l'adulte en moi.	... m'a révélé et ma peur de mourir et mes ressources de vie.
Non, rien de rien, non, je ne regrette rien !	

JE FAIS LE POINT ÉTAPE 2 / OBJECTIF 3

JE RETIENS

☑ M'ouvrir à la vie me permet de sortir de la souffrance.

☑ Ce qui ne s'exprime pas s'imprime et influence mes attitudes et mes comportements dans la difficulté de lâcher prise.

☑ En acceptant les contraintes de la réalité à un instant T, je gagne en sérénité.

QUIZZ

Citez quelques actions à mener pour sortir de l'attachement à l'autre, qu'il soit un ami, un proche ou un collègue de travail.

Arrêter de juger ce qui est bien et mal ; s'installer dans un état d'esprit « je n'ai rien à gagner, rien à perdre » ; privilégier l'instant présent ; s'occuper l'esprit avec des choses qui font du bien.

D'après vous, pour lâcher prise, il est bon...

1. d'accepter de fermer des portes pour en ouvrir d'autres	OUI	NON
2. de continuer à penser constamment de la même manière	OUI	NON
3. de vouloir toujours rendre les autres heureux	OUI	NON
4. de lâcher le désir de perfection	OUI	NON
5. de prendre le temps de se reposer	OUI	NON

1. oui 2. non 3. non 4. oui 5. oui

MES OBSTACLES AU LÂCHER-PRISE À CE JOUR

Notez ici vos réflexions intimes, dites-le avec vos mots

Trois idées importantes que je retiens de ce chapitre :

Mes trois principaux obstacles au lâcher-prise :

Ce que je gagnerais en agissant sur ces obstacles :

Ce que j'aimerais changer dans ma manière de lâcher prise :

OBJECTIF 4

JE REPÈRE LE MOMENT OÙ IL EST BON DE LÂCHER PRISE ET D'AGIR

▼ PROGRAMME

▼ À L'ISSUE DE CE CHAPITRE, JE SERAI CAPABLE DE

- ☑ Identifier les états du moi et les émotions qui sous-tendent mon absence de lâcher-prise
- ☑ Reconnaître les effets du stress liés au manque de lâcher-prise
- ☑ Soutenir mon passage à l'action dans un changement favorable pour moi

1 JE REPÈRE LE BON MOMENT

Un homme se promenait en montagne sur un sentier longeant un ravin. Il commençait à faire nuit et l'homme glissa dans le ravin. Il réussit cependant à s'accrocher à un arbuste et cria :
– Au secours, y'a quelqu'un ?
Au bout d'un moment, il entendit une voix :
– Lâche prise, mon fils, je suis là.
L'homme se débattait pour éviter la chute, mais plus il luttait, plus il se fatiguait.
– Aidez-moi, je vous en supplie, dit-il.
La voix continua :
– Je suis en train de t'aider, fais-moi confiance, lâche prise !
Le promeneur, déstabilisé, demanda :
– Mais qui êtes-vous donc ?
– Je suis Dieu, répondit la voix.
Alors l'homme, désespéré, se mit à crier :
– Y'a pas quelqu'un d'autre ?

Tiré de Paraboles d'un curé de campagne, *de Pierre Trevet*

COMMENT SAVOIR SI C'EST LE BON MOMENT ?

Des voix intérieures contraires vous alimentent certainement dans votre choix de lâcher prise ou de persévérer. Entre les messages contraignants, les voies de l'éducation et des héros qui disent que la patience et la persévérance arrivent au bout de toutes les situations, les voies du taoïsme ou du bouddhisme qui disent qu'insister pourrait contrarier le cours naturel des choses, ou encore les voies du milieu qui proposent de lâcher-prise lorsque la persévérance ne mène pas à la réussite, que choisir ?

Quand est-il juste de laisser tomber, d'arrêter d'insister, d'abandonner, de ne plus conserver… sans être dans un entêtement ou un acharnement vain à vouloir poursuivre quelque chose qui peut-être n'aboutira jamais ?

Le wu-wei, ou voie du non-agir, propose de laisser advenir ce qui advient naturellement, sans action, sans effort, sans contrôle.

Six signes qui ne trompent pas

☑ Quand une situation stagne, voire régresse.

☑ Quand une relation amicale, sentimentale ou professionnelle ne s'enrichit plus, n'évolue plus, voire se dégrade (pensez à faire le point par tranches de 12 mois lorsque la situation s'étale dans le temps).

☑ Quand vous êtes en relation avec quelqu'un qui vous tyrannise, vous manipule, vous blesse ou vous ment tout le temps.

☑ Quand vous faites toujours des concessions, quand vous cherchez à vous changer pour plaire à l'autre ou quand vous êtes seul à vous impliquer dans une situation ou une relation.

☑ Quand vous avez tout essayé et que rien ne change ou ne bouge.

☑ Quand vous vous accrochez à un mode de vie qui ne vous rend pas heureux.

UNE POSSIBILITÉ : CESSER DE « VOULOIR » ET RESTER TRANQUILLE

> Il faut distinguer la ténacité de l'obstination : savoir insister et persévérer au bon moment, savoir aussi se retirer et renoncer quand il le faut.
>
> *Shafique Keshavjee*

Lorsqu'on a repéré les signes qui ne trompent pas, il convient de se résoudre à lâcher l'obstination pour revenir à soi afin de se calmer, autrement dit : cesser de « vouloir » et rester tranquille.

➜ Qui seriez-vous si vous laissiez tomber cette relation dans laquelle vous vous ennuyez ?

➜ Qui seriez-vous si vous arrêtiez de vous excuser tout le temps ?

➜ Qui seriez-vous si vous cessiez d'attendre ?

Cessez de « vouloir »

● Cessez de vouloir que l'autre soit à vos pieds ou réagisse comme vous le voulez. Laissez-lui son espace et sa réalité, tout en retrouvant la vôtre.

● Cessez de mettre la main dans la poche des autres pour vouloir être ce qu'ils sont. Mettez la main dans vos propres poches pour y trouver le joyau qui, au fond, s'y trouve.

● Cessez de vouloir que l'autre vous comprenne absolument alors que ce que vous êtes en train de vivre dépasse son entendement. Acceptez de continuer à exprimer l'unicité que vous êtes.

La volonté n'est ni persévérance ni intention portée avec force pour imposer ses conditions à la vie. La volonté est la capacité de relier une intention souhaitée au sentiment intérieur d'harmonie.

Laissez tomber le « jeu »

● Abandonnez pendant un instant votre rôle social, votre exigence du moment, sans peur de ne pas obtenir ce que vous voulez.

● En arrêtant d'essayer d'être ou d'obtenir quelque chose, vous devenez cette chose.

Laissez la place à l'« espace éveillé » en vous

● Laissez la place à cette nature intrinsèque qui fait que vous êtes « vous ». Pour un instant, acceptez d'être le mystère que vous êtes et laissez simplement progresser la maturation de l'être dans la situation.

EXERCICE Je cesse de « vouloir » et je me prépare au lâcher-prise

Je respire pour me centrer

→ Installez-vous confortablement en position assise. Prenez le temps d'observer le mouvement de votre corps lorsque vous respirez... À l'avant et à l'arrière... Calmez votre esprit par l'attention posée sur ce mouvement pendant quelques secondes. Ressentez le bienfait de cet air qui entre et qui sort en cet instant, dans un rythme continu, plus ou moins régulier au démarrage, puis de plus en plus calme, tranquille...

→ Placez maintenant votre attention sur le bout de votre nez pour essayer de capter cet air au moment où il pénètre dans vos narines. Prenez le temps de sentir cet air. Est-il plutôt frais, tiède ou, déjà, agréablement chaud ? A-t-il une densité particulière ? Une odeur propre ? Prenez le temps de vivre les sensations que cela vous procure. Peut-être allez-vous aussi percevoir que cet air progresse un peu plus dans votre corps. Il arrive déjà au bout des fosses nasales, touche les tissus qui l'aident à se réchauffer encore un peu à l'arrière de la gorge. Il virevolte au niveau du carrefour de l'œsophage et de la trachée. Il connaît son chemin et file tout droit dans la trachée, cet axe central bien placé au cœur de la cage thoracique... L'air va et vient dans ce gros conduit au rythme de votre inspiration et de votre expiration. Maintenez pendant quelques instants votre observation ici. Sentez ou percevez comment ce mouvement agréable et sans effort vous aide à vous calmer, à vous poser dans le confort de vous-même. Prenez le temps d'en profiter... puis osez suivre cet air un plus à l'intérieur de vos poumons. Essayez de saisir son trajet... Empruntant les grosses bronches, il suit des réseaux de plus en plus petits, les bronchioles, des canaux qui l'emmènent avec facilité jusqu'aux alvéoles, ces petits sacs qui le reçoivent dans tout le tissu pulmonaire. Peut-être même pourriez-vous vous surprendre à sentir le passage des bulles d'oxygène dans le lit sanguin... Prenez le temps de vous promener dans ces poumons, amusez-vous à être une bulle d'oxygène naviguant sur un tapis d'air...

→ Lorsque vous avez terminé votre balade, prenez le temps de saisir le flux du retour, de l'intérieur vers l'extérieur de vous, grâce à l'expiration... des poumons à la trachée... puis l'arrière de la gorge, l'arrière des fosses nasales... et enfin le bout du nez...

Appréciez pendant quelques secondes le sentiment de bien-être dans lequel vous vous trouvez maintenant.

Je me concentre

→ Imaginez une bougie devant vos yeux fermés. Mentalement, essayez de fixer cette bougie pendant quelques minutes. Observez la forme de cette bougie, le support sur lequel elle repose… Fixez maintenant sa flamme en regardant son vacillement le temps nécessaire pour apprécier le lâcher-prise qui s'est effectué sur les idées et les pensées. Appréciez le calme de votre esprit avant de passer à l'étape suivante.

Je cesse de vouloir

Concentrez-vous sur les trois phrases suivantes…

→ Pour un instant, je cesse de vouloir que l'autre soit comme je le veux.

→ Pour un instant, je cesse de vouloir que tout se passe comme je le veux.

→ Pour un instant, je cesse de vouloir que la réalisation de ce projet soit comme je le veux.

… puis créez vos propres phrases.

Pour un instant, je cesse de vouloir que ______________________________

____

Pour un instant, je cesse de vouloir que ______________________________

____

Pour un instant, je cesse de vouloir que ______________________________

____

Je laisse tomber le jeu

Lisez chacune des paroles suivantes et laissez-les résonner quelques instants en vous, sans chercher intellectuellement à en comprendre le sens.

→ J'ai un corps, mais je ne suis pas mon corps. Mes cellules bougent, naissent et meurent, mais moi, je suis toujours la même personne.

→ J'ai des émotions, mais je ne suis pas mes émotions. Mes émotions bougent au gré des situations, mais moi, je reste la même personne.

→ J'ai des pensées, mais je ne suis pas mes pensées. Mes pensées se produisent au gré des événements, mais moi, je reste la même personne.

→ J'ai des envies, mais je ne suis pas mes envies. Mes envies émergent selon les moments, mais moi, je reste immuable.

→ J'ai des désirs, mais je ne suis pas mes désirs. Mes désirs évoluent en fonction des périodes, mais moi, je reste immuable.

→ J'ai des préoccupations, mais je ne suis pas mes préoccupations. Mes préoccupations viennent et partent, mais moi, je reste qui je suis.

→ J'ai des frustrations, mais je ne suis pas mes frustrations. Mes frustrations se créent et se comblent, mais moi, je reste la même personne.

→ J'ai une volonté, mais je ne suis pas ma volonté. Ma volonté fluctue selon mon histoire, mais moi, je reste immuable.

→ J'ai des douleurs et des souffrances, mais je ne suis pas mes douleurs et mes souffrances. Je guérirai de mes douleurs et de mes souffrances tout en restant immuablement ce que je suis.

→ Je suis plus que mon corps, plus que mes émotions, plus que mes pensées, plus que mes envies, plus que mes désirs, plus que mes préoccupations, plus que mes frustrations, plus que ma volonté, plus que mes douleurs, plus que mes souffrances.

→ Je suis esprit, sentiment, calme, tranquillité, sérénité, amour, sensorialité, sensualité, joie de vivre, complétude, beauté...

Je suis ______________________________

____

Restez un moment dans le silence de vous-même, en vous laissant vivre dans ce silence intérieur, puis continuez avec l'exercice suivant.

Je laisse place à l'être éveillé en moi

Laissez maintenant la place à cette nature intrinsèque qui fait que vous êtes « vous ». Pour un instant, acceptez d'être le mystère que vous êtes et laissez simplement progresser la maturation de l'être dans la situation.

→ Concentrez-vous à nouveau sur votre respiration. Prenez le temps d'être dans le juste rythme de votre respiration...

→ Exprimez intérieurement l'intention de découvrir le mystère que vous êtes, l'équilibre, la santé, l'intelligence, la sagesse, la joie, la plénitude, la paix, l'environnement stable, la bonté, ou tout autre chose qui vous vient à l'esprit...

→ Imaginez en vous comme une colonne centrale qui contiendrait l'énergie et la lumière de vie, qui vous alimenterait de son amour comme le ferait une fontaine de Jouvence ou encore une cascade à l'eau dorée. Prenez le temps de vous y installer, tout près, tranquillement... Vous pouvez même entendre le souffle de cette énergie qui vibre à votre attention...

Laissez-vous, pendant quelques instants, vous imprégner de cette merveilleuse source de richesse intérieure, et ressentez comme les éclats d'énergie vous touchent agréablement, pour ressourcer votre corps, vos cellules, vos organes, vos tissus… Ça fait du bien !

➜ Lorsque vous vous sentez prêt, osez avancer vers le centre de cette colonne rayonnante de beauté et de joie, vers cet espace central où tout est unique, merveilleux, presque magique… un espace où enfin peut se vivre le sentiment d'être de retour à la maison… plus besoin d'effort, plus besoin de combat, plus besoin de volonté pour faire les choses… les valises se posent, le réconfort s'installe, la satisfaction prend place… Cet endroit spécial vous nourrit à un niveau profond de votre être… Profitez de ce moment avec gratitude…

Je m'interroge : qui suis-je si…

Tout en restant dans cette complétude, cette sérénité, laissez résonner en vous les questions suivantes, l'une après l'autre. Faites une pause après chacune et laissez venir les images, les sensations, les ressentis, les idées qui viendraient alimenter une éventuelle réponse.

Qui suis-je ? ____________________

____

Qui suis-je pour penser que je peux changer mon monde ? ____________________

____

Qui suis-je pour penser que je peux faire autrement ? ____________________

____

Qui suis-je si j'arrête d'attendre ? ____________________

____

Qui suis-je si j'arrête de vouloir à tout prix ? ____________________

____

Qui suis-je si j'accepte de ne pas être fort ? ____________________

____

Qui suis-je si j'accepte de ne pas être parfait ? ____________________

____

Qui suis-je si j'accepte de ne pas faire plaisir à tout le monde ?

Qui suis-je si j'accepte de prendre mon temps ?

Qui suis-je si j'accepte de ne plus faire d'efforts ?

Qui suis-je si j'accepte de vivre ce que la vie peut m'apporter de meilleur ?

Qui suis-je si je me remplis de joie ?

Qui suis-je si je choisis la vie ?

Qui suis-je si je choisis la douceur ?

Qui suis-je si je choisis le bonheur ?

Qui suis-je si

Qui suis-je si

Qui suis-je si

■ Je trouve mon symbole de lâcher-prise

Accentuez maintenant votre souhait d'une image, d'un symbole, qui représenterait au mieux la réponse à l'une des questions qui importent pour vous actuellement...

→ Dessinez-le et observez-le.

Ce qui sera votre symbole d'aide au lâcher-prise. Conservez-le précieusement et pensez à l'utiliser quand vous sentez qu'il est nécessaire pour vous de cesser de vouloir et de rester tranquille

2 JE SORS DE LA BOUE

JE SUBIS LA LOI DE MURPHY

Certains adhèrent à la loi de Murphy, qui dit que « tout ce qui peut mal tourner va mal tourner ». Ils ont comme principe fondamental de vie que le pire est toujours certain. C'est ce qu'on peut nommer la « loi de l'emmerdement maximal ». Elle alimente des croyances comme :

- Un emmerdement n'arrive jamais seul…
- C'est en imaginant que rien ne peut nous arriver que tout peut nous tomber dessus…
- Si quelque chose peut mal tourner, alors cette chose finira par mal tourner…

Parfois, les circonstances font que vous avez l'impression d'être englué dans votre existence. C'est comme si vous étiez soumis à la loi de l'emmerdement maximal : vous avez abîmé votre voiture sur un plot que vous n'aviez pas vu et, dans la foulée, votre fille s'est fait mal à la jambe, les moustiques vous ont piqué et vous faites des cloques à n'en plus finir, vous avez croisé quelqu'un dans la rue qui vous a insulté, vous devez reprendre le travail plus tôt que prévu et votre machine à laver le linge vient de tomber en panne… Bref, rien ne va plus dans votre vie !

Vous vous sentez découragé, dévalorisé, stressé, et vous avez l'impression de ne pas en voir le bout… « À quoi peut donc servir de lâcher prise à ce moment-là de ma vie ? », vous direz-vous ! Je vous répondrai…

☑ Cela sert à lâcher les résistances pour vivre plus de facilité dans votre vie.

☑ Cela sert à utiliser la force de l'instant présent pour ne pas perdre pied dans l'équilibre qui semble rompu.

☑ Cela sert à reprendre pied.

☑ Cela sert à regarder ce que vous ne faites pas pour vous en ce moment et qui pourtant serait prioritaire à faire.

☑ Cela sert à vous recentrer sur vos besoins.

☑ Cela sert à changer ce qui bloque, ce qui vous limite, comme vos pensées ou vos peurs, pour que cela ne prenne pas plus d'ampleur en vous.

Alors, courage ! Et décidez de sortir de l'influence de cette loi.

Pour sortir de la boue, il est bon de regarder ce qui se passe du côté des domaines de la personnalité et des émotions.

JE ME METS DANS TOUS MES ÉTATS : L'INFLUENCE DE LAPERSONNALITÉ (OU LES ÉTATS DU MOI) SUR MON LÂCHER-PRISE

Un peu de théorie

Selon les concepts de l'analyse transactionnelle d'Éric Berne[1], un individu utilise son énergie psychique de trois manières différentes dans sa relation à l'autre, dans les rôles qu'il se donne, dans la manière de vivre sa réalité ou encore dans son univers. C'est ce qu'on appelle les états du moi, qui peuvent être définis comme un ensemble cohérent de comportements associés.

- **Le parent en vous** représente votre mémoire, vos acquis, vos certitudes sur la manière de faire se dérouler votre vie. Il se manifeste dans vos opinions, les directives données, les conseils, le cadre posé et la structure (c'est le parent normatif), ainsi que dans les encouragements, les compliments, le fait de prendre soin de l'autre (c'est le parent nourricier).

- **L'enfant libre en vous** est associé à l'univers de vos émotions, agréables comme désagréables, de votre sensibilité et de votre affectivité, de l'irrationnel, de l'imaginaire et de la créativité. Il représente vos motivations intérieures et l'expression de vos besoins pour les satisfaire. Il peut être aussi soumis ou rebelle, en fonction de vos compréhensions issues de l'éducation.

- **L'adulte en vous** aide à traiter la réalité, toutes les informations reçues de l'extérieur pour en faire un système cohérent, logique et rationnel. Les capacités d'écoute, d'interrogation, de déduction et de décision sont mises en avant.

Tous ces états intérieurs sont en interrelation les uns avec les autres. Ils peuvent être à la bonne place, atrophiés, figés ou trop présents. Par exemple, si le « parent intérieur » ne réduit pas l'« enfant intérieur » au silence, vous pourrez émettre des idées amusantes lors d'une réunion de travail sans en être troublé. Si votre « adulte intérieur » ne s'est pas développé, contaminé par un « enfant intérieur » trop présent, vous aurez du mal à gérer vos comptes. Si l'« enfant intérieur soumis » est trop présent, vous réagirez toujours en soumission dans vos relations avec les personnes qui vous rappelleront un de vos parents. Si vous êtes figé dans un « parent intérieur normatif », vous serez tout le temps dans la critique des autres et de vous-même.

[1] Éric Berne est un médecin psychiatre américain, fondateur de l'analyse transactionnelle dans les années 1950, concept qui s'inspire des théories de Freud et de la psychanalyse. L'analyse transactionnelle étudie les phénomènes de la personnalité à travers les échanges relationnels.

EXERCICE Dans quels états du moi est-ce que je mets mon énergie ?

Au lieu de mettre mon énergie dans le lâcher-prise quand il le faudrait...

Dans mon parent intérieur

Vous obstinez-vous à vouloir maintenir des règles de fonctionnement trop rigides, des normes excessives ? Alors...

- → Assouplissez votre cadre de référence.
- → Arrêtez de juger.
- → Renforcez votre sentiment de valeur personnelle.

Vous obstinez-vous à vouloir absolument être le protecteur d'autrui, voire le sauveur des autres ? Alors...

- → Donnez-vous la permission de ne rien faire.
- → N'intervenez en rien si on ne vous l'a pas demandé.
- → Apprenez ce qu'est le rôle de médiateur.

Dans mon enfant intérieur

Vous obstinez-vous à vouloir vous soumettre à tout le monde ? Alors...

- → Osez dire ce que vous pensez.
- → Acceptez votre valeur personnelle.
- → Mettez-vous en avant.

Vous obstinez-vous à toujours vouloir avoir raison, à batailler contre tout et tous ? Alors...

- → Apprenez à vous détendre.
- → Lâchez votre idée de défendre tous les opprimés de la terre.
- → Remplacez la colère par la paix et le pardon.

Dans mon adulte intérieur

Vous obstinez-vous à toujours vouloir expliquer les choses, à donner des raisons à tout, à connaître le sens de tout ce qui vous arrive ? Alors...

- → Visionnez un film qui vous fera toucher votre imaginaire.
- → Lancez-vous dans une activité artistique, créative ou ludique.
- → Choisissez de vous amuser un peu plus.

QUAND MES ÉMOTIONS ET MES SENTIMENTS M'EMPOISONNENT : LEUR INFLUENCE SUR MON LÂCHER-PRISE

Au secours ! Mes émotions me font peur

De par votre nature humaine, vous êtes obligatoirement touché par vos émotions et vos sentiments, que vous en ayez conscience ou pas. Accepter de lâcher prise va impliquer de vous confronter à votre sphère affective, ce qui peut faire peur ! Être débordé par toutes ces émotions, surtout si vous êtes très sensible, avoir peur de couler ou de vous noyer, ne pas savoir comment les maîtriser, sont autant d'angoisses présentes qui peuvent bloquer le processus du lâcher-prise.

Un peu de théorie

Alors que l'émotion commence discrètement sa vie dans le corps, donnant une incapacité momentanée de réagir, d'agir, de penser, d'imaginer, de percevoir clairement, elle ne peut pas passer inaperçue par la suite. Elle prend de l'ampleur jusqu'à se manifester extérieurement dans l'expression du visage, des tremblements ou une tension musculaire, et trouble l'esprit. Revenir au corps permet de gérer l'inhibition première afin d'aider le corps à se calmer, pour redevenir plus clair dans son esprit.

Quant au sentiment, il se vit comme un état d'être intérieur secret. Il englobe l'acte de sentir (par le corps), la faculté de ressentir (par l'émotionnel) et le résultat du ressenti (par la pensée). On pourrait dire du sentiment que c'est une émotion intellectualisée.

Par exemple, l'émotion de colère paroxystique, lorsqu'elle est ruminée, se transforme en sentiment de rancune qui se place dans le temps.

Lorsque vous avez à lâcher prise, vous êtes confronté à ce monde intérieur. Par exemple, si vous êtes très contrôlant, vous allez probablement ressentir de la peur à l'idée que les autres vous dominent. Si vous avez un « Sois parfait » très développé, vous aurez peur de vous tromper et d'être déconsidéré. Si vous êtes très rancunier, vous aurez peur qu'en lâchant votre rancune l'autre vous attaque de nouveau sans que vous puissiez réagir efficacement à cette attaque, la colère étant votre garde-fou actuel.

La pyramide émotionnelle

La sphère affective a plusieurs strates de manifestations :

- une zone visible, **l'émotion,** ce qui se voit à l'extérieur et qui passe par les signes du corps ;
- une zone cachée, **le sentiment,** ce que l'on ne veut pas dire ou voir étant cinq fois plus important que ce qui se trouve dans la zone visible ;
- une zone enfouie, **l'état d'être,** qui est dix fois important que ce qui se trouve dans la zone visible.

Il est donc important d'apprendre à apaiser ces émotions, en tenant compte de tous ces étages.

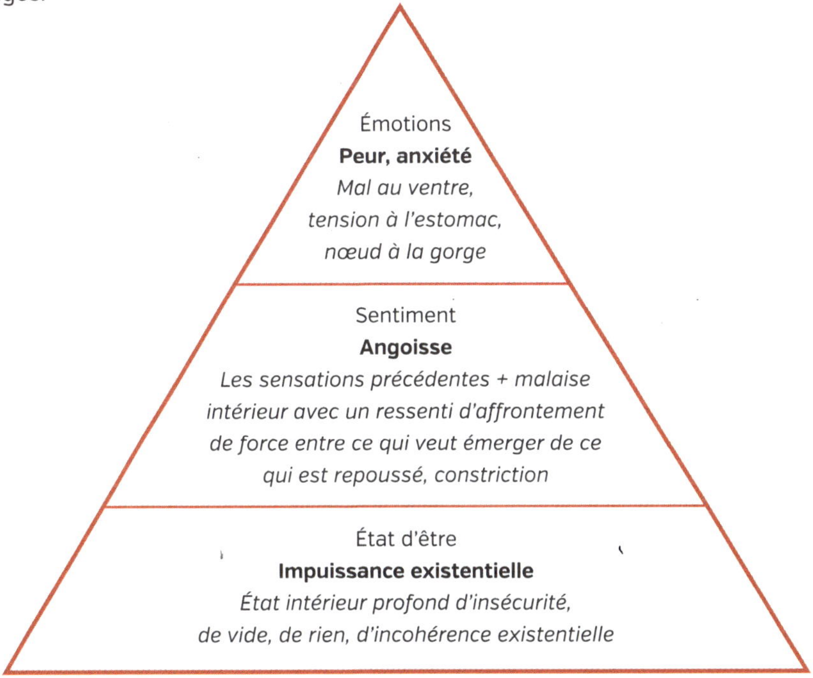

Les risques encourus par le lâcher-prise

Le risque du changement… ou la peur de l'inconnu

Lâcher prise, c'est accepter de changer les habitudes et les manières d'être pour se remettre en mouvement, or le système limbique a horreur du changement. Le système limbique, c'est la région du cerveau qui contribue à faire gagner du temps par la création des habitudes, protège en évitant de nouvelles activités, pousse à ne pas mettre en place de nouveaux comportements pour rester dans sa zone de confort. Pour assouplir ce système, pour sortir de cette « prison psychique » et, ainsi, reprendre sa liberté, il convient de résister à l'engourdissement créé par les façons habituelles de faire, d'utiliser sa volonté pour sortir des terrains connus et familiers, d'accepter de devenir différent sans pour autant se perdre.

Le risque de l'apprentissage… ou la peur de faire des erreurs
Lâcher prise, c'est décider d'apprendre à faire autrement. Le chemin passe par l'essai de nouveaux savoir-faire sans vraiment connaître les résultats qu'ils donneront, impliquant la confiance en ce que la vie peut vous procurer de bon. Vous prenez inévitablement le risque de vous tromper, de faire des erreurs, d'être déçu ou d'être blessé. Il est donc bon d'avoir une trousse de secours à toute épreuve pour que la cicatrisation se passe au mieux. C'est oser la découverte de la vie, en faisant de nouvelles expériences lors de nouvelles situations.

Le risque de l'ouverture… ou la peur d'être blessé
Lâcher prise, c'est se laisser aller à sa vulnérabilité. Elle incite à l'ouverture émotionnelle, à l'espoir, à l'authenticité. C'est un peu comme si l'on se mettait nu sur scène, espérant l'appréciation des autres plutôt que leur rejet, qui pourrait faire mal. En lâchant la peur de vivre de nouvelles déceptions, en plongeant dans l'expérience sensorielle de la vie, en s'ouvrant à celle-ci, vous devenez vraiment vivant.

> Si, aujourd'hui, nous ne sommes pas gais, quel jour devrons-nous attendre pour l'être ?
>
> *Xunzi (Hsün-Tzu)*

L'impact d'un affect « positif » sur le lâcher-prise

Un peu de théorie

Des études montrent que dans le domaine émotionnel, contrairement à ce que l'on pourrait penser, on est plus créatif en présence d'énergie négative que d'énergie positive, parce qu'il s'agit, une fois le choc passé, de trouver des solutions pour sortir de la situation néfaste ou qui encombre le bien-être. Schwarz (1900) démontre aussi que les gens ont plus d'idées créatives sur ce qui pourrait les aider

→

à réguler leurs humeurs quand une marge d'évolution est grande ; autrement dit, ceux qui vivent des situations difficiles auront plus de créativité pour s'en sortir que ceux qui vivent toujours des situations faciles.

Il est aussi démontré que les émotions positives facilitent l'accès aux capacités présentes dans sa mémoire ainsi que les performances de sa créativité. Pour Alice M. Isen (1999), « un individu joyeux est plus prêt à accéder à un large ensemble divers de matériel cognitif, constituant un contexte cognitif complexe ». L'expression d'une émotion agréable peut désactiver provisoirement un mécanisme d'inhibition cognitive pour favoriser l'émergence d'idées nouvelles.

Ainsi, même si les émotions négatives peuvent être stimulantes pour créer lors de situations difficiles, ce sont les émotions positives qui vous ouvrent à tout votre potentiel, afin de vivre l'expérience la plus complète de la vie.

Revisitez positivement la pyramide émotionnelle…

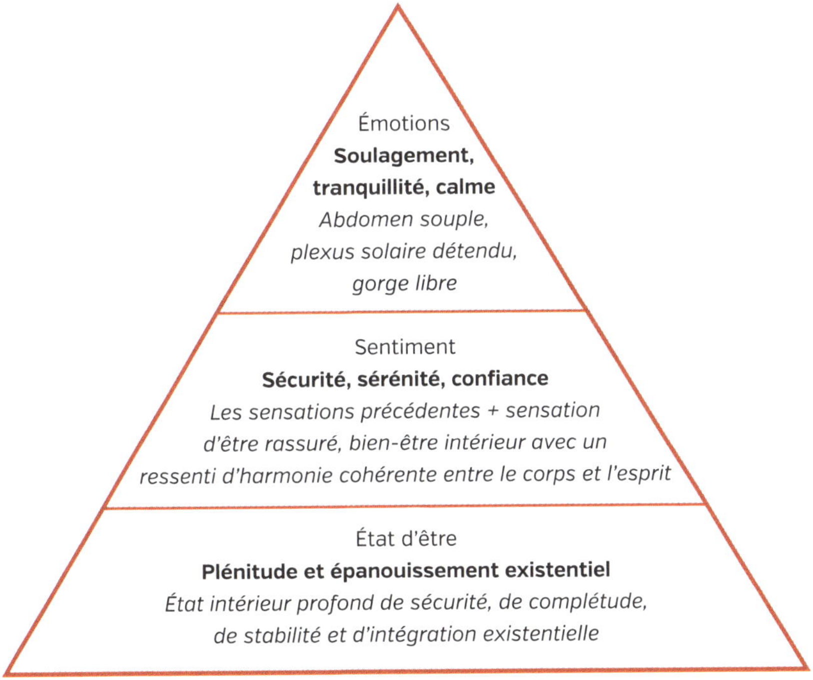

AUTOBILAN

De quelles peurs est-ce que je souffre ?

La peur de l'inconnu

→ Cette peur me touche à une intensité de ________________ (entre 0 et 10)

→ Quel est le risque ? *Avoir de mauvaises surprises, être déçu...* ________________

____

____

____

→ Quelle émotion ou sentiment agréable me serait utile dans cette situation ?

L'optimisme, la satisfaction... ________________

____

____

____

La peur de perdre

→ Cette peur me touche à une intensité de ________________ (entre 0 et 10)

→ Quel est le risque ? *Ne plus avoir d'amis, ne plus avoir de statut social...* ________________

____

____

____

____

→ Quelle émotion ou sentiment agréable me serait utile dans cette situation ?

L'abondance, la richesse intérieure... ________________

____

____

____

____

La peur de l'échec

→ Cette peur me touche à une intensité de ________________ (entre 0 et 10)

→ Quel est le risque ? *Ne pas être à la hauteur, diminuer ma confiance en moi...* ________________

____

____

____

→ Quelle émotion ou sentiment agréable me serait utile dans cette situation ?

La confiance, le sentiment d'être à sa place...

____

____

____

____

____

La peur de l'effort

→ Cette peur me touche à une intensité de ______________ [entre 0 et 10]

→ Quel est le risque ? *M'épuiser à mobiliser une énergie que je n'ai pas, avoir à tout recommencer...*

____

____

____

→ Quelle émotion ou sentiment agréable me serait utile dans cette situation ?

La vitalité, le regard nouveau sur les choses...

____

____

____

La peur du ridicule

→ Cette peur me touche à une intensité de ______________ [entre 0 et 10]

→ Quel est le risque ? *Être mal jugé par autrui, être montré du doigt...* ______________

____

____

____

→ Quelle émotion ou sentiment agréable me serait utile dans cette situation ?

La tolérance, la bienveillance ... ______________

____

____

La peur du rejet

→ Cette peur me touche à une intensité de ______________ [entre 0 et 10]

→ Quel est le risque ? *Être non aimé et non aimable, être mis de côté dans les projets...* ______________

____

____

____

→ Quelle émotion ou sentiment agréable me serait utile dans cette situation ?

L'amour, l'estime de soi... ______________

____

____

____

La peur de

→ Cette peur me touche à une intensité de ______________ [entre 0 et 10]

→ Quel est le risque ? ______________

____

____

____

→ Quelle émotion ou sentiment agréable me serait utile dans cette situation ?

____

____

____

3 JE DÉCIDE DE CHANGER

Alors que vous avez repéré le bon moment pour lâcher prise, que vous avez réussi à quitter la boue en sortant du mieux possible de l'influence de vos émotions et de vos sentiments, vous vous décidez à passer à l'action en avançant sur votre chemin.

LE LÂCHER-PRISE, PRÉCURSEUR DU CHANGEMENT

- Ce que l'on pense être une stabilité est en fait la résultante de forces qui jouent en permanence le jeu de l'équilibre pour maintenir cette stabilité, comme le feraient les poids d'une balance. Lorsque l'une de ces forces se déséquilibre, tout un processus se met en place dans une réaction en chaîne, dont il n'est pas possible de prévoir l'issue. Lâcher prise nous permet de ne pas faire obstacle aux améliorations à venir.
- Le changement est un cycle qui nous fait passer d'un état d'équilibre à un état de déséquilibre, avant de repasser à un nouvel équilibre. Il conduit à une situation nouvelle grâce au lâcher-prise que nous vivons pendant le temps du déséquilibre, tout en continuant d'avancer vers notre but.

> Tout ce à quoi l'on résiste persiste.
> *Carl Jung*

- Changer, ce n'est pas être dans une réaction à la vie, ce qui met contre la vie, mais c'est se laisser porter par la vie en lui faisant totalement confiance. Lorsqu'on ne s'accroche plus à un résultat précis, l'intuition peut prendre la place qui lui revient. Vous vous retrouvez alors à nager dans le sens du courant.

CHOISIR OU RÉPÉTER

Devant toute situation, vous avez trois possibilités… Le lâcher-prise relie le cycle d'apaisement et le cycle d'avancée.

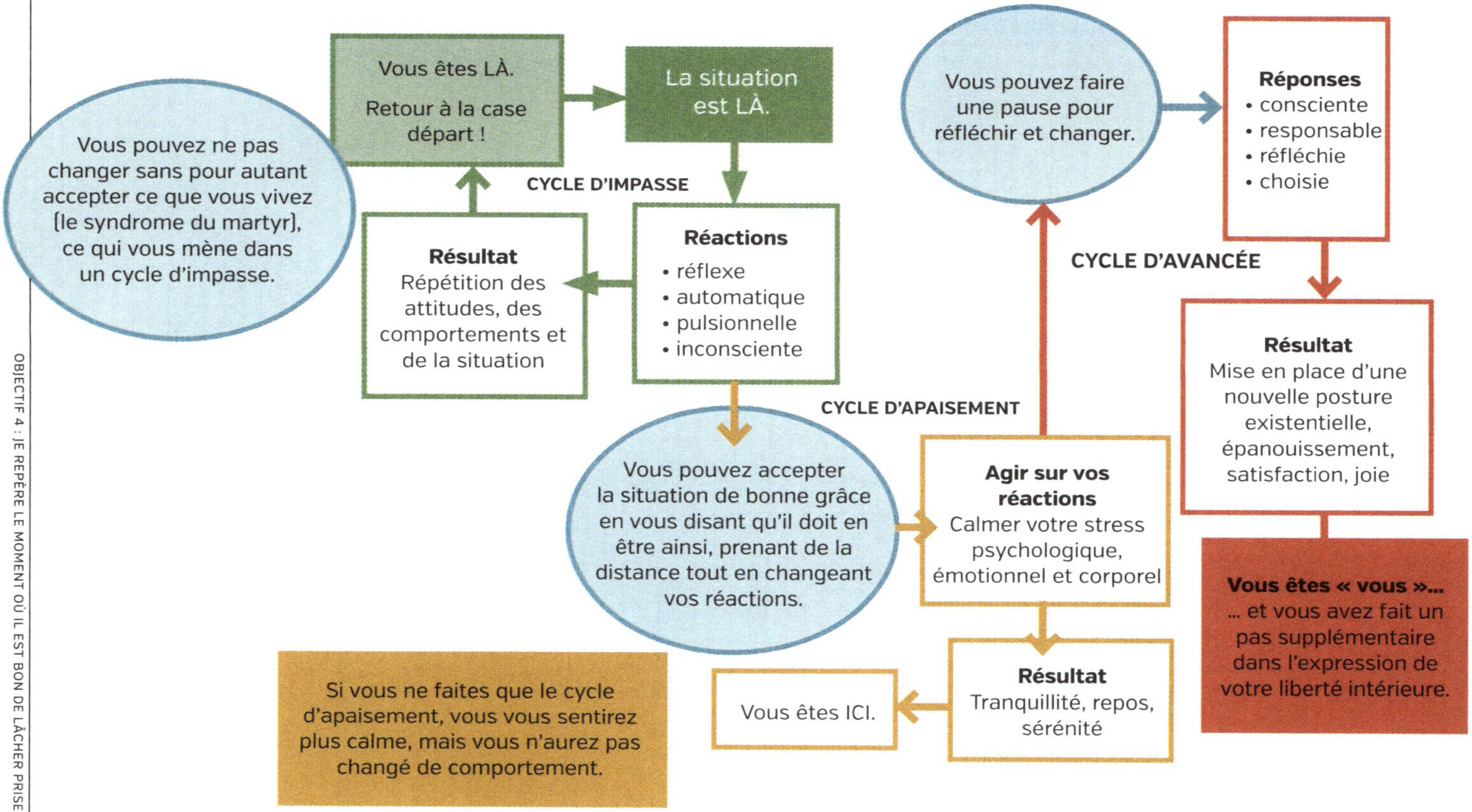
Vous pouvez ne pas changer sans pour autant accepter ce que vous vivez (le syndrome du martyr), ce qui vous mène dans un cycle d'impasse.
Vous êtes LÀ.
Retour à la case départ !
La situation est LÀ.
CYCLE D'IMPASSE
Résultat
Répétition des attitudes, des comportements et de la situation
Réactions
• réflexe
• automatique
• pulsionnelle
• inconsciente
Vous pouvez faire une pause pour réfléchir et changer.
Réponses
• consciente
• responsable
• réfléchie
• choisie
CYCLE D'AVANCÉE
Résultat
Mise en place d'une nouvelle posture existentielle, épanouissement, satisfaction, joie
CYCLE D'APAISEMENT
Vous pouvez accepter la situation de bonne grâce en vous disant qu'il doit en être ainsi, prenant de la distance tout en changeant vos réactions.
Agir sur vos réactions
Calmer votre stress psychologique, émotionnel et corporel
Vous êtes « vous »...
... et vous avez fait un pas supplémentaire dans l'expression de votre liberté intérieure.
Résultat
Tranquillité, repos, sérénité
Vous êtes ICI.
Si vous ne faites que le cycle d'apaisement, vous vous sentirez plus calme, mais vous n'aurez pas changé de comportement.

DÉSAMORCEZ VOS RÉSISTANCES AU CHANGEMENT

Les résistances au changement sont des phénomènes normaux et sont proportionnelles à votre capacité à vous engager dans l'innovation. Elles ont une triple fonction : vous protéger, vous maintenir dans un état de stabilité et vous donner du temps pour intégrer la nouveauté.

PREMIÈRE ÉTAPE

Changer est un processus dont il est nécessaire de connaître les escales pour devancer les réactions et apaiser les émotions stressantes.

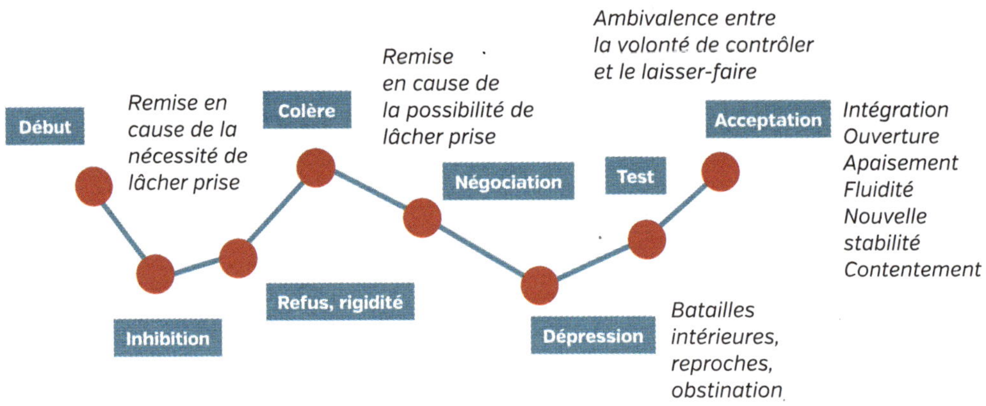

DEUXIÈME ÉTAPE

Les résistances au changement empruntent différentes formes. De l'opposition fondée sur une incompréhension de la situation à la peur des conséquences et à la méfiance face à la vie, le chemin passe par un essai de compréhension de ce qui se vit.

À VOUS **Je repère mes attitudes de résistance au changement, je coche celles qui me conviennent le mieux et je complète si besoin est.**

→ **Lorsqu'un changement survient dans ma vie…**

☐ J'évite de regarder les possibilités et avenues futures possibles.

☐ Je suis stressé, de mauvaise humeur.

☐ Je passe plus de temps au téléphone.

☐ Je ne suis pas toujours jovial.

☐ Je me tiens avec des gens comme moi, qui critiqueront la situation.

☐ Je me réfère constamment à mon passé.

☐ Je reviens toujours à mes anciennes façons de faire et de penser.

☐ J'ai de la difficulté à voir le bon côté de la situation.

☐ Je maintiens mes valeurs et mon point de vue.

☐ Je n'ose plus prendre des initiatives.

☐ Je me bats souvent pour faire comprendre mes idées.

☐ Je ne fais pas plus que ce qu'on me demande de faire.

☐ Je prends mon temps.

☐ Autres : ____________________

Qu'en concluez-vous ?

____

____

____

____

TROISIÈME ÉTAPE

Pour aider au lâcher-prise, je repère ma motivation au changement.

● Je recherche **la valeur de l'effort** que j'ai à faire pour me détacher... Si j'en vois l'utilité, je le fais de meilleur cœur et j'ai envie de continuer.

→ *Je dois faire l'effort de calmer mon irritation suite à ce qu'il m'a dit. L'utilité en sera de pouvoir exprimer plus clairement ce que j'ai à dire, tout en l'écoutant plus sereinement dans ce qu'il a à dire.*

● Je recherche **le lien** entre l'effort que je fais pour me détacher et les bienfaits que je peux recevoir en retour... Si je vois clairement le lien entre mon effort et la rétribution de mon effort, je suis motivé pour continuer.

→ *Je retirerai comme bienfait d'éviter un conflit avec lui. J'éviterai de tourner en boucle dans mon imagination. J'éviterai de faire la tête. Je réussirai à me faire comprendre.*

● Je recherche quelles **capacités et forces** je possède déjà, que je peux utiliser pour me détacher… Si je prends le temps de prendre conscience et d'utiliser mes capacités, je les renforce et cela m'aide à lâcher prise.

→ *Je sais calmer mes émotions grâce à l'EFT ou à la sophrologie par exemple. Je sais exprimer clairement mes besoins. Je sais recadrer positivement les choses.*

À VOUS **Je repère les forces que je me reconnais en période de difficulté, je coche celles qui me conviennent le mieux et je complète si besoin est.**

☐ Je sais reconnaître ma propre valeur.

☐ Je sais m'adapter.

☐ Je sais demander de l'aide.

☐ Je sais exprimer clairement mes besoins.

☐ Je sais prendre le risque de faire confiance en la vie.

☐ Je sais me remettre en question.

☐ Je sais transformer les contraintes en opportunités.

☐ Je sais recadrer positivement les choses.

☐ Je sais faire la différence entre ce qui m'appartient et ce qui ne m'appartient pas.

☐ Je sais admettre que tout ne sera jamais exactement comme je le veux.

☐ Je sais ____________________

Qu'en concluez-vous ?

____

____

____

____

____

____

Mes résistances au changement et au lâcher-prise créent du stress en moi !

4 JE LÂCHE PRISE DU STRESS

Un peu de théorie

Le stress est défini comme toutes les réactions de l'organisme (physiques, émotionnelles et psychiques) à une situation perçue comme dangereuse ou générant une modification de ses habitudes. À court terme, les chercheurs ont constaté des effets positifs du stress sur le cerveau. Celui-ci est mieux alimenté en oxygène et en glucose. Il secrète de la dopamine, qui intervient dans le plaisir et qui permet un meilleur fonctionnement de son mécanisme. C'est en imaginant la réussite, l'idée de « peut-être », que le cerveau dégage le plus de dopamine, et donc le plus de plaisir.

Lorsque les situations stressantes sont brèves et vécues dans un environnement perçu comme favorable, elles peuvent agir comme des stimulants. En revanche, dès qu'une situation stressante dure plus longtemps que quatre heures, les tendances s'inversent. La neurogenèse est diminuée. La sécrétion de dopamine se réduit avec une baisse du plaisir. Le système immunitaire est perturbé, favorisant les pathologies infectieuses. Dans les stress prolongés, la partie frontale du cerveau ne fonctionne plus convenablement, rendant plus difficile la prise de décision et le contrôle des émotions.

Vous vous générez de la souffrance et du stress à chaque fois que :

- vous restez dans la pensée de n'avoir aucun contrôle ni aucun moyen de prévoir ce qui va arriver ;
- vous interprétez les événements comme des signes que les choses vont encore se gâter (loi de Murphy) ;
- vous ne vous libérez pas de la frustration ;
- vous n'avez aucune oreille auprès de laquelle vous confier.

Le mental exerce une influence négative ou positive sur le corps.

Exercice pour mesurer l'impact du stress sur mon corps

→ Pour commencer, mettez-vous debout sur un pied, les yeux ouverts ou fermés, sans perdre l'équilibre. Prenez conscience de votre équilibre.

→ Revenez sur vos deux pieds et pensez à quelque chose de stressant, pour lequel vous n'arrivez pas à lâcher prise : une situation, une activité, une émotion, une personne...

→ Tenez-vous à nouveau sur un pied, tout d'abord sans penser à rien de particulier, et prenez conscience de votre équilibre.

→ Pensez alors à votre agent stressant...

Que se passe-t-il ?

Vous perdez l'équilibre, vous bougez davantage, vous ressentez plus d'agitation intérieure... Qu'en concluez-vous ?

Même lorsque vous n'êtes pas vraiment dans la situation, le corps réagit à la pensée de l'événement ou du sujet difficile. Le corps parle en permanence par des sensations et des mouvements intérieurs, autant de signaux qui sont notre météo intérieure.

En bougeant le corps de certaines façons, vous pouvez modifier le fonctionnement de votre cerveau et gagner en tranquillité et en stabilité.

Exercice physique pour calmer le stress

→ Buvez un grand verre d'eau.

→ Stimulez les points des hémisphères.
Placez la main droite sur le nombril, le pouce, l'index et le majeur de l'autre main sur la liaison du sternum et de la clavicule gauche pour commencer. Massez cet endroit pendant 20 secondes environ, puis inversez les mains et massez à nouveau pendant 20 secondes.

→ Effectuez un mouvement de marche croisée, ou *cross crawl*, sur place.
Placez la main droite sur le genou gauche, puis la main gauche sur le genou droit. Réalisez ce mouvement complet au moins 20 fois.

→ Réalisez la posture de Cook.
Placez-vous debout. Croisez les jambes, cheville contre cheville. Croisez les bras étendus devant vous et tournez-les pour que les paumes des mains se touchent. Entrecroisez les doigts, pliez les bras et remontez les mains vers l'intérieur, doigts toujours croisés, contre le haut de la poitrine.

Dans cette position, inspirez en plaçant le bout de la langue contre le palais, expirez en relâchant la langue. Réalisez cette respiration pendant 4 à 8 cycles complets, puis décroisez les bras et les jambes.

Placez les extrémités des doigts de chaque main en contact, pouce contre pouce, index contre index, etc., et respirez comme précédemment pendant 4 à 8 cycles.

Placez-vous à nouveau sur un pied et pensez à votre agent stressant. **Que se passe-t-il maintenant ?**

Votre équilibre est plus stable, vous vous sentez plus tranquille...

Vous pouvez compléter cet exercice par les exercices suivants, selon votre besoin.

La respiration abdominale

→ Elle augmente l'apport d'oxygène à l'ensemble du corps, et en particulier au cerveau. Elle permet de décontracter le système nerveux central tout en augmentant le niveau d'énergie.

Placez les deux mains sur votre abdomen.

Expirez par la bouche par petites bouffées, comme si vous vouliez faire voler une plume dans l'air.

Inspirez profondément en vous remplissant comme le ferait un ballon, entre les mains.

Continuez l'exercice pendant 30 à 60 secondes.

Les points d'équilibre

→ Ils stimulent le système d'auto-équilibrage du corps situé dans l'oreille interne. Cet exercice permet de restaurer le sens de l'équilibre, décontracte les yeux et le reste du corps. Il libère l'attention pour une action plus facile.

Placez une main sur le nombril. Placez deux ou trois doigts de l'autre main derrière l'oreille gauche.

Respirez profondément pendant 30 à 60 secondes.

Si vous avez une sensation de tension derrière l'oreille, essayez de tracer des petits cercles avec le bout de votre nez, ce qui permettra d'effectuer un massage de la zone.

Intervertissez les mains et recommencez de l'autre côté.

Les points d'enracinement

→ Ils stimulent le cerveau et soulagent la fatigue mentale. Cet exercice améliore les aptitudes à l'organisation et augmente la capacité à accommoder les objets proches.

La tête droite, placez l'index et le majeur de votre main gauche dans le creux du menton, et la base de la paume de l'autre main sur le nombril, doigts pointant vers le bas.

Respirez profondément en regardant vers le sol, tête toujours droite, puis levez les yeux du sol au plafond et abaissez-les de nouveau vers le sol. Recommencez plusieurs fois de suite, jusqu'à sentir votre corps détendu.

Les points positifs

→ Ils désamorcent le réflexe de « fuite » ou de « combat » qui se met en place instinctivement en situation de stress et aident à apaiser le stress émotionnel. Cet exercice permet de transférer la réponse cérébrale au stress du cerveau moyen au cerveau frontal, donnant lieu à une réponse plus rationnelle.

Posez trois doigts (index, majeur et annulaire) de chaque main sur le milieu du front, à mi-chemin entre les sourcils et la racine des cheveux.

Fermez les yeux et appuyez très légèrement vos doigts sur ces points tout en respirant lentement, entre 20 et 30 fois.

JE FAIS LE POINT ÉTAPE 2 / OBJECTIF 4

JE RETIENS

☑ Il importe de lâcher prise lorsque la persévérance ne me mène pas à la réussite.

☑ Pour faciliter le lâcher-prise, je dois apprivoiser ma sphère affective en tenant compte de toutes ses strates : l'émotion, le sentiment et l'état d'être.

☑ « Si aujourd'hui, nous ne sommes pas gais, quel jour devons-nous attendre pour l'être ? » (Xunzi).

☑ En lâchant le contrôle sur un résultat précis, je favorise l'expression de l'intuition qui me permet d'être dans le courant de la vie.

QUIZZ

Seriez-vous capable de refaire les exercices suivants sans aide ?

Les points d'équilibre ? *(page 114)*
La marche croisée, ou *cross crawl* ? *(page 113)*
Les points positifs ? *(page 115)*

Que pourrait-on conseiller à quelqu'un qui s'obstine à vouloir absolument être le « sauveur » d'autrui ?
Cochez la ou les cases correspondantes à ce que vous pensez être juste.

1. Arrêter de juger.	
2. Se donner la permission de ne rien faire.	
3. Se mettre en avant.	
4. Apprendre à se détendre.	
5. N'intervenir en rien si on ne l'a pas demandé.	
6. Oser dire ce que l'on pense.	
7. Apprendre ce qu'est le rôle de médiateur.	

2, 5 et 7

LES SITUATIONS POUR LESQUELLES JE M'OBSTINE DE TROP À CE JOUR

Notez ici vos réflexions intimes, dites-le avec vos mots.

Les situations où je pense que je m'obstine de trop :

Les signes qui me font dire que je m'obstine de trop dans ces situations :

Ce que je gagnerais en lâchant ce que j'ai à lâcher :

Je note quelques idées-clés qui peuvent m'aider dans mon lâcher-prise à venir, et je les mets en pratique dans ma vie :

ÉTAPE

3

OBJECTIF 5

JE METS EN PLACE UNE DÉMARCHE INTÉRIEURE FAVORISANT LE LÂCHER-PRISE

▼ PROGRAMME

▼ À L'ISSUE DE CE CHAPITRE, JE SERAI CAPABLE DE

- ☑ Appliquer un plan d'action personnel pour réussir à lâcher prise
- ☑ Intégrer dans ce plan d'action différentes pratiques « bien-être » pour me calmer et m'apaiser
- ☑ Gagner en souplesse psycho-émotionnelle, base de tout lâcher-prise

1 UN CHEMINEMENT EN HUIT ESCALES

Si un problème a une solution, alors il est inutile de s'en inquiéter ; s'il n'en a pas, s'inquiéter n'y changera rien.

Proverbe tibétain

L'ESCALE DE LA PRISE DE CONSCIENCE

Pour commencer, essayez d'être tendre et bienveillant envers vous.

Dites-vous...

- **... que vous faites du mieux que vous pouvez avec vos savoir-faire du moment.** Vous flageller moralement ne changera pas le cours des choses, mais ajoutera une couche de stress supplémentaire !
- **... que vous avez des limites.** Reconnaître que la « parfaite attitude » n'existe pas viendra alléger votre démarche. Il importe de cesser de se battre de front avec les situations et d'accepter que le résultat final ne soit pas uniquement entre vos mains.
- **... que vous avez des résistances.** Ces résistances sont reliées à la volonté de contrôler les situations, les personnes, pour qu'elles soient conformes à vos désirs. Elles se manifestent par des pensées obsédantes, des obligations paralysantes, des schémas répétitifs, des émotions tumultueuses. Mettre de la conscience, c'est-à-dire de la clarté, de la concentration, de l'absence de distraction, de la motivation, dans ce que vous vivez vous aidera à mieux les dépasser.

L'ESCALE DE LA DÉCISION

Décidez de lâcher prise, même si vous ne savez pas encore comment faire.

Cela suppose :

- de quitter l'univers du contrôle, de la compréhension à tout prix et de la maîtrise en tout, tout le temps, et d'accepter la réalité vécue ;
- de passer par l'univers de la créativité, de l'intuition et de l'ouverture à l'expression du potentiel non manifesté ;

- d'accueillir les circonstances et les possibilités de la vie, tout ce sur quoi vous n'avez pas prise, le destin, les « hasards » du quotidien, les phénomènes inexplicables, les bonnes surprises.

L'ESCALE DU QUESTIONNEMENT

Questionnez-vous sur votre situation pour la comprendre

Ai-je besoin de cet objet, de cette personne, de cette situation, de cette émotion ? Pourquoi ?

Posez-vous la question du pourquoi à chaque réponse, jusqu'à ce qu'émerge un scénario clair, une sorte de modèle comportemental identique ou opposé à celui de vos parents. Désidentifiez-vous du schéma parental lorsqu'il émerge, afin de trouver votre propre modèle d'action.

Questionnez-vous sur votre situation pour la désamorcer

Dans quel scénario suis-je en train de jouer ?

Lorsque le scénario est clair, vous pouvez vous dire que vous n'êtes ni votre mère ni votre père, que vous ne voulez pas reproduire le scénario appris d'eux, ni verser dans son opposé, pour ne pas faire la même chose qu'eux. C'est le meilleur moyen pour trouver votre propre voie de réaction au lâcher-prise.

Questionnez-vous sur votre situation pour apprendre d'elle

Qu'ai-je à apprendre de cette situation, de cette relation, de cette expérience ? Que devrais-je accepter comme réalité ?

L'ESCALE DE LA SORTIE DES ILLUSIONS

Sortir de la répétition

En repérant la manière habituelle de réagir, une attitude, un geste, une pensée ou une croyance, vous pouvez choisir de faire autrement. N'est-ce pas Albert Einstein qui disait « Tout le monde veut que ça change mais personne ne veut changer » ?

Faire le deuil des vieilles croyances

Une croyance constitue une vérité pour soi. Sans que nous nous en rendions compte, elle nous influence et oriente nos comportements, mais ce n'est pas une vérité universelle. En « déprogrammant » certaines croyances réductrices, autrement dit en inscrivant de nouvelles pensées sur nos murs intérieurs, nous favorisons un gain énorme de liberté d'être.

Faire le point sur ce qui est à renoncer

De l'histoire de Sherlock Holmes, le professeur Michel Lejoyeux tire cinq renoncements fondamentaux à envisager pour être heureux.

- **Renoncer à vouloir maîtriser complètement l'esprit.** Lorsqu'il y a stagnation d'une expérience et que le niveau d'espoir tombe dans les chaussettes, l'activation de notre fonction imaginative et intuitive permet de développer notre énergie créatrice pour trouver de nouvelles solutions ou manières de faire.
- **Renoncer aux croyances limitantes,** ce qui implique d'accepter de nous tromper, de nous donner le droit à l'erreur, de remettre en cause notre système de pensée, chaque croyance pouvant être revisitée à un moment de notre vie.
- **Renoncer aux généralités et à toutes les idées préconçues** qui disent, comme une sorte de prophétie, que « c'est comme ça que ça devrait se passer ». Cela implique de croire à l'improbable tout en profitant de chaque instant de notre vie.
- **Renoncer à ce qui est inutile** pour revenir à ce qui est vraiment important pour nous, notamment à la reconnaissance de nos propres besoins.
- **Renoncer à vouloir maîtriser le destin.** Sans s'énerver, il est possible de retourner un imprévu à son profit. Avec l'expérience, nous pouvons nous rendre compte que les imprévus ne sont pas là pour rien.

Il y a toujours une raison d'être aux choses et circonstances de la vie, même si la raison l'ignore à ce moment-là…

Le paysan et l'âne

Un paysan était propriétaire d'un âne, mais il aurait bien aimé avoir un cheval. Même si son âne lui rendait de fiers et beaux services aux champs, il essayait par tous les moyens d'obtenir un étalon dans l'idée d'obtenir de meilleures récoltes. Il demanda à son voisin, qui en avait plusieurs, de lui en vendre un, mais l'homme n'accéda pas à sa requête. Le paysan voulut aller en acheter un au marché, mais il n'avait pas assez d'argent, même en vendant son âne. Il invoqua alors le ciel, pour que celui-ci lui donne l'inspiration pour avoir son cheval. Il passa beaucoup de temps à prier, délaissant quelque peu son travail de labour, mais toujours rien. Les années passèrent et son âne était toujours présent à ses côtés, l'aidant dans ses travaux de moissons. Pourtant, l'homme attendait toujours le cheval qui ne venait pas.

Un jour, la guerre se déclara et tous les chevaux furent réquisitionnés. Alors, le paysan vit son bonheur. Grâce à son âne, il put continuer à récolter sa moisson, alors que ses voisins ne pouvaient plus rien récolter du fait de la perte de leur animal.

L'ESCALE DE LA DISTANCIATION

Prenez de la distance par rapport à l'événement...

- **Devenez un observateur conscient de ce que vous vivez.** Repérez là où vous mettez votre énergie, là où vous n'auriez plus à la mettre. Vous vous libérerez ainsi de poids inutiles et vous pourrez changer votre façon de percevoir les choses.
- **Maintenez votre esprit dans l'instant présent.** Vous augmenterez ainsi votre capacité à prendre les choses comme elles viennent et à apprécier ce qui se présente en vous dans cet instant, les sensations agréables, les chouettes idées. « On peut être amoureux sans avoir jamais connu l'amour auparavant. »
- **Calmez-vous émotionnellement.** Identifiez les émotions en jeu dans cette situation, leurs manifestations corporelles. En apaisant vos craintes et vos angoisses face à la situation, aussi petites soient-elles, il sera plus facile de vous aimer davantage et de trouver la joie.
- **Désidentifiez-vous de la situation, ne l'étiquetez pas.** Il y a une différence entre vous et ce que vous sentez, ce que vous percevez, ce que vous ressentez, ce que vous pensez, ce que vous imaginez.

L'ESCALE DU RECADRAGE POSITIF

Recadrez positivement ...

- Discernez ce sur quoi vous pouvez agir de ce sur quoi vous ne pouvez pas agir.
- Activez votre batterie d'énergie positive pour mobiliser vos capacités et vos ressources.

→ Commencez par lister vos ressources et vos capacités en mettant en avant vos qualités pour mieux vivre cette situation... Ce sont vos points forts.

→ Pensez à votre métaphore positive du lâcher-prise et plongez dedans... C'est l'image du succès.

→ Dites-vous des paroles stimulantes : « Stop, une chose à la fois », « Je joue gagnant », « Je fais du mieux que je peux », « Je fais confiance à mes ressources », « Le passé est le passé », « Je sais que cette étape fait partie de mon évolution »...

→ Pratiquez la respiration abdominale, ou les 36 respirations. Laissez-vous bâiller, c'est un excellent signe qui vous dit que vous êtes détendu.

→ Pratiquez un exercice d'ancrage et de recentrage.

→ Faites quelque chose de bon et d'agréable pour vous, comme écouter une musique qui vous plaît, faire une balade de 10 minutes à l'air frais, rire avec un ami...

→ Si d'autres personnes sont en jeu dans votre situation difficile, amusez-vous à les voir dans des situations cocasses afin de vous réapproprier votre propre pouvoir.

- Ouvrez votre manière d'appréhender les autres et le monde. Voyez le bon côté des choses. Par exemple, au lieu d'être furieux si un stupide accident vous cloue au lit, voyez la possibilité de prendre du recul, de vous reposer et de lire les livres que vous n'aviez pas pu lire, faute de temps. Au lieu de vous accrocher à la colère envers votre ami qui critique un de vos projets, voyez-le comme donnant son avis, et peut-être ses idées vont-elles compléter les vôtres.

L'ESCALE DU CHOIX CONSCIENT

Acceptez le changement : le choix conscient ...

- Installez-vous dans les conditions de base.

→ **Choisissez d'être positif.** Le mental n'entend pas la négation. Si je vous dis : « Ne regardez pas la chaise verte », vous allez naturellement avoir envie de chercher la chaise verte du regard. Si je veux être sûr que vous ne soyez pas tenté de la regarder, je vous dirai plutôt : « Regardez la chaise bleue. » L'idéal est donc de formuler vos phrases positivement. Préférez dire « Je choisis de lâcher prise de ma colère pour être en paix » plutôt que « Je choisis de ne plus me mettre en colère ».

→ **Choisissez d'être au moment présent.** Pour l'esprit, le temps n'est pas linéaire. Tout se déroule dans le maintenant. C'est là que vous pouvez avoir accès à vos ressources et à vos capacités. Une question : êtes-vous disposé à lâcher prise maintenant ? Formulez vos phrases toujours au présent. Ne dites pas « Je souhaiterais m'apaiser de ma colère pour vivre davantage de paix en moi », mais plutôt « Je m'apaise de ma colère dès à présent ».

→ **Choisissez d'être dans un bon état d'esprit et de bonnes intentions.** Installez dans votre esprit les consignes du non-attachement, de la non-résistance, du non-jugement. Si vous voulez rester positif, préférez les consignes du détachement, de la souplesse et de la tolérance. Portez aussi votre intention d'être dans le respect et l'amour pour vous-même et pour autrui, afin d'opter pour un intérêt partagé et juste.

- Écrivez votre affirmation [→ *Je choisis de lâcher prise de…*] et mettez-la en évidence dans votre vie, en message sur l'écran de veille de votre ordinateur, sur un Post-it collé sur le réfrigérateur ou encadré dans votre chambre.
- Régulièrement, exprimez-la à voix haute, en ayant foi dans ce que vous dites. « Ce qui est nourri grandit, ce qui ne l'est plus dépérit. »
- Visualisez la situation idéale de lâcher-prise pour vous.

L'ESCALE DE LA CONFIANCE ET DE L'AMOUR EN LA VIE

> Nous vivons dans un océan de vibrations, de couleurs, d'images. Le monde visible n'est qu'un aspect, une image, un instant du mouvement, comme une vague dans la mer ou une pliure dans la trame infinie d'un vêtement. Il n'y a pas un monde, mais une multitude de mondes.
>
> *Dugpa Rimpoché*

Faites acte de confiance en la vie…

- **Interrogez-vous sur votre spiritualité.** À qui, à quoi puis-je m'abandonner ? Comment est-ce que je conçois une force transcendante sur laquelle m'appuyer ? En état de lâcher-prise, vous acceptez de rendre plus malléable la forme de votre ego, qui devient ainsi plus flexible. Vous acceptez d'ouvrir une porte vers votre « soi » non manifesté qui n'attend que cela pour vous faire vivre la joie et la liberté d'être, et la paix profonde.

- **Reconnaissez les autres dans leurs différences et leurs capacités à trouver des solutions.** Ainsi, vous sortirez de l'aspect réactionnel du jugement pour entrer dans la dynamique de la reconnaissance de l'autre tel qu'il est. Ce faisant, vous ouvrez un espace qui permet à l'autre d'être tel qu'il est dans son intégrité et son honnêteté.
- **Développez votre capacité à être avec ce qui est dans le présent. Développez le monde de la sensorialité.** L'état d'être est un état intérieur qui dépasse les limitations du mental et les mouvements aléatoires des émotions. La présence à soi passe par le monde de la sensorialité, en ne s'attachant ni aux sensations ni aux sentiments, mais en acceptant de passer par eux. C'est dans cette présence que vous pouvez le mieux apprécier la majesté, la beauté et le sacré de la nature. Le lâcher-prise est alors total.

2 MON PLAN D'ACTION EN HUIT ESCALES

Vous allez maintenant dérouler ce plan d'action en huit escales à partir d'une situation qui vous concerne, pour laquelle vous avez des difficultés à lâcher prise.

Vous serez sollicité pour écrire vos situations et vos points de vue au fur et à mesure du déroulement du processus. Parfois, je vous demanderai de pratiquer un exercice qui se trouve dans un autre chapitre avant ou après celui-ci, puis, après l'exercice, de revenir à l'endroit où vous en étiez pour noter vos ressentis et vos impressions.

Rappelez-vous... Le lâcher-prise nécessite de développer sa souplesse d'esprit !

L'ESCALE DE LA PRISE DE CONSCIENCE

- Pour commencer, j'essaye d'être tendre et bienveillant envers moi. Je me répète à voix haute, de manière à m'entendre le dire clairement et distinctement :

→ Je fais du mieux que je peux ;

→ J'ai des limites et je les accepte, sachant que la « parfaite attitude » n'existe pas ;

→ J'ai des résistances. En mettant de la conscience sur mes résistances, je suis plus à même de m'aider à les transformer.

- Je décris le plus clairement possible la situation qui m'encombre aujourd'hui, ce qui me parasite, ce dont je ne peux me défaire.

PAR EXEMPLE *Sandrine vient d'apprendre que Pierre, son compagnon, veut dîner avec Barbara, une amie de longue date qu'il vient de retrouver récemment grâce à Facebook. Elle n'a pas envie qu'il aille seul à ce dîner. Elle est énervée après Pierre et n'arrive pas à se calmer, lui en voulant d'avoir choisi de passer la soirée avec Barbara. Elle fait du mieux qu'elle peut dans cette situation pour plaire à Pierre, mais elle ne peut pas le contrôler et elle craint de lâcher prise car elle a peur qu'il ne la trompe.*

À VOUS

____

____

L'ESCALE DE LA DÉCISION

Affirmez-vous dans votre décision de lâcher prise en stimulant avec deux doigts de votre main dominante le bord externe de la paume de votre autre main (sur le tranchant de la main), côté petit doigt, pendant que vous vous concentrez sur les affirmations suivantes :

- Je m'affirme dans ma décision de lâcher prise dans cette situation, même si je ne sais pas comment faire (3 fois).
- Je me dis que quitter l'univers du contrôle, de la compréhension à tout prix et de la maîtrise en tout peut être plus facile que je ne le conçois aujourd'hui. J'ai envie d'accepter la réalité vécue, pour en laisser advenir une nouvelle.
- J'ai envie de visiter l'univers de la créativité, de l'intuition et de l'ouverture à l'expression de mon potentiel, qui ne s'est pas encore manifesté aujourd'hui.
- J'aimerais accueillir des circonstances nouvelles dans ma vie, les bonnes surprises, ce que le « hasard » peut m'apporter de bon, ce qui ne s'explique pas. J'accepte de m'ouvrir à tout cela, en toute sécurité.

L'ESCALE DU QUESTIONNEMENT

Je réponds aux questions suivantes, en laissant venir les idées intuitivement…

Comprendre le pourquoi des choses

→ **Pourquoi ai-je besoin de cette personne, de cette situation, de cette émotion ?**

EXEMPLE *Sandrine a besoin de s'énerver pour montrer son mécontentement à Pierre. Elle ne veut pas qu'il fasse des choses avec une autre femme qu'elle.*

À VOUS

→ **Pourquoi ?**

EXEMPLE *Elle veut être dans l'exclusivité de la relation.*

À VOUS

→ **Pourquoi ?**

EXEMPLE *C'est comme cela qu'elle considère l'amour à deux.*

À VOUS

→ **Pourquoi ?**

EXEMPLE *Si Pierre ne s'occupe plus d'elle, elle se sentira abandonnée.*

À VOUS

→ **Pourquoi ?**

EXEMPLE *Elle pensera qu'il ne l'aime pas assez.*

À VOUS

→ **Pourquoi ?**

EXEMPLE *Elle a vu ses parents quand elle était enfant agir comme ça. Son père passait plus de temps à l'extérieur qu'avec sa mère, et ils ont divorcé. Elle a peur que cela se passe de la même manière avec Pierre.*

À VOUS

Continuez à vous questionner sur le pourquoi tant que vous n'arrivez pas à un scénario clair.

Désamorcer

→ Dans quel scénario suis-je en train de jouer ?

Sandrine rejoue le scénario de sa mère, qui s'énervait sans jamais exprimer clairement les choses à son mari.

À VOUS

→ Lorsque le scénario est clair (modèle de comportement identique ou opposé à celui des parents), je me dis que…

Pierre n'est pas son père et elle n'est pas sa mère.
Je ne suis pas ma mère, lui n'est pas mon père.

À VOUS

Apprendre

Le vrai lâcher-prise s'effectue lorsque je suis capable de mettre en avant les apprentissages en relation avec la situation. Je me demande…

→ Qu'ai-je à apprendre de cette situation, de cette relation, de cette expérience pour lâcher prise définitivement ?

Sandrine doit apprendre à exprimer son ressenti et son besoin, sans être dans l'accusation de l'autre.

À VOUS

→ **Que devrais-je accepter comme réalité ?**

Chaque individu a le droit de vivre sa propre expérience sans être dans la totale fusion à l'autre, ni la totale dépendance. Ce qui semble éloigner deux personnes n'est en réalité qu'une source d'échanges supplémentaires entre eux.

La confiance dans un couple est importante à placer et à conserver tant qu'il n'y a pas de raisons factuelles qui montreraient le contraire.

À VOUS

L'ESCALE DE LA SORTIE DES ILLUSIONS

Sortir de la répétition

En repérant la manière habituelle de réagir, une attitude, un geste, une pensée, une croyance, je peux choisir de faire autrement.

→ **De quel schéma répétitif dois-je sortir ?**

Sandrine doit sortir du schéma de jalousie.

À VOUS

→ **Pratiquez l'exercice de la vision zen (page 148).**

À VOUS

Ce que je ressens maintenant

Faire le deuil des vieilles croyances

Une croyance constitue une vérité pour soi, mais ce n'est pas une vérité universelle.

→ **Quelle croyance agit dans ma situation ?**

Sandrine croit que, si Pierre vit des choses sans elle, il va l'abandonner.

À VOUS

→ **Pratiquez l'exercice EFT « transformer les croyances » (pages 158 et 160).**

À VOUS

Ce que je ressens maintenant

Faire le point sur ce qui est à renoncer

→ **Pour lâcher prise, je devrais renoncer à...**

Sandrine devrait renoncer à son idée que « tout se passe toujours comme ça », à savoir les sorties au restaurant systématiquement avec Pierre.

Elle devrait renoncer à vivre de la colère inutile au lieu d'exprimer ses besoins.

Elle devrait renoncer à vouloir maîtriser le destin de Pierre et apprendre à voir le côté positif de la situation.

À VOUS

→ **Pratiquez l'exercice de la vision zen (page 148).**

À VOUS

Ce que je ressens maintenant

L'ESCALE DE LA DISTANCIATION

Prenez de la distance par rapport à l'événement...

Je deviens l'observateur conscient de ce que je vis

→ **Je repère là où je mets mon énergie dans cette situation et là où je ne veux plus la mettre.**

Sandrine alimente la pensée que Pierre va la tromper et l'abandonner.
Elle alimente l'énergie de la colère et de la peur.
Elle alimente sa codépendance à Pierre.

À VOUS

→ **Je décide de me libérer de cette énergie. Je pratique l'exercice de la posture de Cook, la respiration abdominale, les points d'équilibre, les points positifs (pages 113 à 115).**

À VOUS

Ce que je ressens maintenant

Je maintiens mon esprit dans l'instant présent

→ J'augmente ainsi ma capacité à prendre les choses comme elles viennent et à apprécier ce qui se présente en moi dans cet instant, les sensations agréables, les chouettes idées. **Pratiquez les exercices « j'observe ma corporalité »** [page 142] **et « je synchronise ma respiration à une image »** [page 143].

À VOUS ______________________________

____

Ce que je ressens maintenant ______________________________

____

Je me calme de mes émotions de...

→ J'identifie les émotions en jeu dans cette situation. Je détaille leurs manifestations corporelles. En apaisant mes craintes et mes angoisses face à la situation, aussi petites soient-elles, il sera plus facile de m'aimer davantage et de trouver la joie. **Pratiquez l'exercice EFT « s'apaiser émotionnellement »** [page 159].

À VOUS ______________________________

____

Ce que je ressens maintenant ______________________________

____

Je me désidentifie de la situation, je ne l'étiquette pas

→ Il y a une différence entre ce que je suis, moi, et ce que je sens, ce que je perçois, ce que je ressens, ce que je pense, ce que j'imagine. **Pratiquez le mandala du lâcher-prise** [page 169].

À VOUS ______________________________

____

Ce que je suis, ce que je perçois de moi ______________________________

____

L'ESCALE DU RECADRAGE POSITIF

→ Je discerne ce sur quoi je peux agir de ce sur quoi je ne peux pas agir.

Ce qui dépend de Sandrine :	*Ce qui ne dépend pas d'elle :*
• *sa manière de penser ;* • *ses peurs et ses angoisses ;* • *sa manière de réagir.*	• *le choix de Pierre.*

Ce qui dépend de moi ______________________________

____

Ce qui ne dépend pas de moi ______________________________

____

→ J'active ma batterie d'énergie positive pour mobiliser mes capacités et mes ressources.

● Je liste mes ressources, mes capacités et mes qualités pour mieux vivre cette situation « je me rappelle » (page 124).

Sandrine aime profondément Pierre. Elle pourra, une fois sa colère apaisée, animer cet amour en elle afin de réussir à voir la situation autrement.

Sandrine aime la musique classique. Cela la détend.

Sandrine connaît sa valeur. Au fond d'elle, elle sait qu'elle n'a rien à craindre parce que Pierre l'aime aussi profondément.

____

____

____

- Je pense à ma métaphore positive du lâcher-prise (page 25) et je plonge dedans pendant un moment.

Sandrine pense à son cerf-volant, léger comme l'air, qui virevolte avec grâce au gré des mouvements du vent. Elle suit son déplacement, de gauche à droite, de haut en bas. Il trace dans le ciel des dessins en forme de huit.

- Je me dis des paroles stimulantes : « Je joue gagnant », « Je fais du mieux que je peux », « Je fais confiance à mes ressources ».
- Je pratique la respiration abdominale (page 114), ou les 36 respirations (page 36). Je me laisse bâiller, je me détends.
- Je pratique l'exercice d'ancrage et de recentrage (page 91).
- Je fais quelque chose de bon et d'agréable pour moi, ce que j'ai mis dans « mes ressources ».

Sandrine met le CD de musique classique qu'elle préfère

- Je m'amuse à voir les personnes concernées dans des situations cocasses. Je me réapproprie mon propre pouvoir.

Sandrine imagine Pierre en tenue de Tarzan, et ça lui met le sourire aux lèvres.

→ J'ouvre ma manière d'appréhender les autres et le monde.
Je vois le bon côté des choses.

Alors que Pierre passera la soirée avec son amie de longue date, Sandrine pourra passer la soirée entre « filles ». Cela fait bien longtemps qu'elle ne s'est pas accordé un moment comme ça.

En acceptant que Pierre côtoie une autre femme en toute confiance, elle l'aide à créer un espace où il peut aussi vivre son histoire personnelle. Cela leur offrira un moment d'échange et de choses à partager ensuite.

Comme ils ne sont pas toujours ensemble, le désir de leur relation se verra peut-être dynamisé.

L'ESCALE DU CHOIX CONSCIENT

J'accepte le changement consciemment.

→ Je m'installe dans de bonnes conditions.

- Je choisis d'être positif.

Je l'écris ____

____

- Je choisis d'être au moment présent.

Je l'écris

- Je m'installe dans le non-attachement, la non-résistance, le non-jugement… le détachement, la souplesse et la tolérance. Je porte l'intention d'être dans le respect et l'amour, et j'opte pour ce qui est dans un intérêt partagé et juste.

Je l'écris

→ **J'écris mes affirmations** à partir de tout ce dont j'ai pris conscience jusqu'à aujourd'hui.

Pour Sandrine : « Je choisis de lâcher-prise de ma colère », « Je choisis de lâcher prise de ma peur qu'il m'abandonne », « Je choisis de lâcher prise de la pensée qu'il m'abandonne », « Je choisis de lâcher prise de ma dépendance à Pierre », « Je choisis de renoncer à vivre inutilement de la colère », « Je choisis de renoncer à vouloir que tout se passe comme je le veux », « Je choisis de renoncer à vouloir maîtriser la vie de Pierre », « Je choisis d'exprimer mes ressentis et mes besoins sans être dans l'accusation de l'autre », « Je choisis de rester dans la confiance grâce à l'amour que j'éprouve pour lui ».

→ **Je mets en évidence** un ou plusieurs messages dans mon quotidien.

En message sur l'écran de veille de mon ordinateur, sur Post-it collé sur mon réfrigérateur, encadré dans ma chambre…

→ Je visualise la situation idéale de lâcher-prise.

Pratiquez l'exercice de la bulle rose (page 156).

À VOUS

Ce que je ressens maintenant

→ Régulièrement, **j'exprime mes messages à voix haute,** j'ai foi dans ce que je dis. Je me rappelle que « ce qui est nourri grandit, ce qui ne l'est plus dépérit ».

L'ESCALE DE LA CONFIANCE ET DE L'AMOUR EN LA VIE

Je fais acte de confiance en la vie...

→ Je m'interroge sur ma spiritualité.

- À qui, à quoi puis-je m'abandonner ?
- Comment est-ce que je conçois une force transcendante sur laquelle m'appuyer ?

La pensée de Dieu, une intelligence aimante, la nature, l'univers, le monde des anges, l'humanité, le sacré en tout, une source inépuisable d'amour, la paix dans le monde, l'amour, la lumière, l'absolu...

À VOUS

→ **Je reconnais les autres dans leurs différences et leurs capacités à trouver des solutions.** Je sors de l'aspect réactionnel du jugement pour entrer dans la dynamique de la reconnaissance de l'autre tel qu'il est. Ce faisant, j'ouvre un espace qui permet à l'autre d'être tel qu'il est dans son intégrité et son honnêteté.

- Pratiquez les exercices du Z-point (page 179) et du rituel ho'oponopono (page 182).

À VOUS

____

____

____

J'accepte _______________ tel qu'il est, avec ses défauts _______________

et ses qualités _______________

→ **Je développe ma capacité à être avec ce qui est dans le présent.** Je développe le monde de la sensorialité. J'accepte de passer par mes sensations, mes sentiments et mes pensées sans m'attacher à eux. J'apprécie ma majesté, ma beauté, ma nature sacrée.

Pratiquez les exercices « je respire pour me centrer », « je me concentre », « je cesse de vouloir », « je laisse tomber le jeu », « je laisse place à l'espace éveillé en moi », « qui suis-je si… » (pages 91 à 94).

À VOUS

____

____

Ce que je ressens maintenant _______________

____

____

Ce que j'apprécie en moi _______________

____

____

____

JE FAIS LE POINT ÉTAPE 3 / OBJECTIF 5

Qu'est-ce que la mise en application de ce plan d'action m'a procuré comme bénéfices, ce dont j'ai pris conscience, ce que je change définitivement dans ma manière de faire.

Je fais le point dans une semaine (pour voir en quoi j'ai évolué).

OBJECTIF
6

JE GAGNE EN LÂCHER-PRISE PAR LA PRATIQUE

▼ PROGRAMME

▼ À L'ISSUE DE CE CHAPITRE, JE SERAI CAPABLE DE

- ☑ Comprendre l'importance de gérer mon corps dans le processus de lâcher-prise
- ☑ Me sentir à l'aise dans l'utilisation des métaphores
- ☑ Choisir mes exercices pratiques pour faciliter mon lâcher-prise

1 LA « CONSCIENCE DU MAINTENANT » ET LA CORPORALITÉ

L'apprentissage du lâcher-prise se réalise par l'alliance de deux aspects : la compréhension intellectuelle de ce qui se joue dans une situation précise et l'expérience d'exercices pratiques qui vont faire évoluer la manière de vous gérer et de vous vivre.

Les exercices précédemment proposés peuvent être pratiqués dans l'ordre de votre choix, sans lien spécifique entre eux.

Le lâcher-prise commence dans le corps.

La notion de corporalité invite toujours à un double mouvement intérieur : celui de percevoir le corps dans tous ses aspects et ses besoins, et celui de capter les messages, les signaux et les indicateurs que le corps envoie par rapport aux situations vécues.

Lâcher prise invite à être conscient de ce corps pour apprendre à le comprendre, et pour le comprendre vous devez l'incarner. Ce faisant, vous touchez à ce que l'on nomme la « conscience du maintenant ». Dans cet instant présent, vous apprenez à vous calmer et vous êtes mieux à même de calmer votre mental.

EXERCICE J'observe ma corporalité

Prendre le temps de vous observer occupera votre esprit à autre chose que de vouloir contrôler la vie. Cela vous aidera à regagner en énergie. Il n'est pas utile ici de prendre des notes, mais juste de rester dans les sensations. Pour une fois, laissez votre mental de côté !

- **J'observe ma posture.** Est-elle droite, courbée, assise, allongée ?
- **J'observe les points d'appui de mon corps.** Où et comment s'appuie-t-il lorsque je suis assis, allongé ? Au niveau de la tête, des épaules, du dos, du bassin, des jambes, des pieds ?
- **J'observe le poids de mon corps.** Est-il lourd ou léger ? Y a-t-il des parties que je sens plus lourdes ou plus légères que d'autres ? Lesquelles ?

- **J'observe la température de mon corps.** Ai-je chaud ou froid globalement ? Y a-t-il des parties qui sont plus chaudes ou plus fraîches ? Lesquelles ?
- **J'observe ma respiration.** Où se place le mouvement de ma respiration ? Plutôt à l'abdomen, au thorax ou aux épaules ? Là où le mouvement se fait, est-ce que je sens le remplissage des poumons, le gonflement de l'abdomen, le rehaussement des épaules, à l'inspiration ? Est-ce que je ressens mes poumons qui se dégonflent à l'expiration ?
- **J'observe la région de mon plexus solaire.** Est-elle serrée, contractée, ou libre, relâchée ? Est-ce que je ressens comme une barre à cet endroit ou l'ai-je oublié ?
- **J'observe les muscles de mon corps.** Sont-ils tendus ou décontractés d'une manière générale ? Y a-t-il des zones où ils sont plus serrés que d'autres ou plus déplissés ? Lesquelles ?

EXERCICE — Je synchronise ma respiration à une image pour m'aider à lâcher prise

La respiration est un grand atout dans le lâcher-prise. Une des difficultés dans le lâcher-prise, c'est de réussir à arrêter de cogiter à ce à quoi on s'accroche. Vous allez utiliser votre respiration en la synchronisant à une image neutre, c'est-à-dire en laissant venir à l'inspiration cette image, puis en la laissant partir sur l'expiration. Vous apprendrez ainsi à ne plus vous accrocher à vos pensées.

PROCESSUS

- Après s'être mis dans une condition physique et mentale particulière, on laisse venir mentalement l'image d'une situation neutre, comme la photographie d'une plage, d'un champ ou d'une forêt.
- On effectue alors la séquence respiratoire suivante : inspiration par le nez, petite pause respiratoire, expiration par la bouche, petite pause respiratoire, afin de vous approprier la séquence.
- Enfin, on associe la séquence respiratoire et le mouvement de l'image. À l'inspiration, on laisse venir l'image près de son visage. Pendant la pause respiratoire, on maintient mentalement la vision de cette image devant son visage puis, à l'expiration, on repousse mentalement l'image pour la faire s'éloigner le plus possible jusqu'à ne plus la visionner. Pendant la seconde pause respiratoire, l'image a disparu.

→ **Cet exercice doit être pratiqué de 3 à 6 fois de suite.**

→ Il faut ensuite prendre le temps d'observer les sensations présentes dans son corps, les sentiments agréables.

→ Pour finir, on remobilise son attention par des contractions musculaires, des étirements, des bâillements et l'ouverture des yeux.

Précaution

Chez certaines personnes, cette forme de respiration n'est pas conseillée.

→ Si vous êtes très asthmatique, évitez les pauses respiratoires, les poumons n'aiment pas contenir trop d'air dans leurs alvéoles.

→ Si vous avez tendance à l'épilepsie, à la spasmophilie ou à la tétanie, préférez les expirations très longues, pour éviter une hyperoxygénation qui ne serait pas appréciée par les cellules.

À VOUS

Je me mets en condition physique et mentale

→ Prenez le temps de vous installer confortablement, en position assise ou allongée.

→ Quelques moments de concentration sur votre respiration… Observez le mouvement de votre abdomen, de votre thorax lorsque vous inspirez l'air… lorsque vous expirez… Plusieurs fois de suite… Constatez la manière qu'a votre corps de s'installer dans la détente…

→ Laissez-vous maintenant glisser dans cette détente, partie du corps après partie du corps… La tête et le visage, décontractez-les bien… Le cou, la nuque, les épaules, les bras, les mains… Relâchez tous les muscles de cette partie du corps, et cela jusqu'au bout des doigts… Approfondissez votre respiration thoracique en déplissant tous les petits muscles qui se trouvent sur les côtes… Votre respiration est maintenant plus calme et plus tranquille… Desserrez la sangle abdominale et laissez votre dos s'aplatir sur le support… Relâchez bien les fessiers, le haut des cuisses… Mettez au repos tous les muscles de vos jambes, les cuisses, les genoux, les mollets, jusqu'au bout des orteils… Prenez conscience que tout votre corps est bien détendu…

→ Tout votre corps est maintenant bien détendu, et votre esprit est plus calme et plus tranquille… Essayez de bien maintenir votre conscience là, ici et maintenant, une conscience bien claire, bien présente à ce qu'elle vit…

→ Concentrez-vous quelques instants sur votre respiration… Inspirez par le nez, prenez le temps de cette inspiration… puis maintenez les poumons pleins d'air pendant 3 à

4 secondes. Laissez maintenant votre souffle sortir par votre bouche à l'expiration, lentement, le plus longtemps possible, puis faites une pause, poumons vides, pendant 3 à 4 secondes. Recommencez 3 fois... Appréciez alors les sensations agréables et bienfaisantes que cette respiration vous procure intérieurement.

Je laisse venir une image mentale

→ Placez maintenant votre attention et votre concentration au niveau de votre tête.

→ Laissez venir dans votre esprit une image neutre d'un paysage naturel : une plage de sable fin, un chemin en forêt, un champ de blé... Essayez de vous représenter cette image le plus précisément possible... Faites du mieux que pouvez...

→ Maintenant, ramenez votre concentration sur votre respiration. Refaites la séquence respiratoire suivante : inspiration par le nez, petite pause respiratoire, expiration par la bouche, petite pause respiratoire, afin de vous approprier la séquence.

→ Revenez à votre image mentale.

J'associe mon image à ma respiration

→ Vous allez maintenant associer la séquence respiratoire et le mouvement de l'image... À l'inspiration par le nez, laissez venir l'image près de votre visage. Pendant la pause respiratoire de 3 à 4 secondes, maintenez mentalement la vision de cette image devant votre visage. À l'expiration par la bouche, repoussez mentalement votre image, comme si votre souffle la repoussait pour la faire s'éloigner le plus possible, jusqu'à ne plus la voir. Pendant la pause respiratoire de 3 à 4 secondes, l'image a disparu.

→ Recommencez cet exercice de 3 à 6 fois de suite, puis laissez partir l'image dans un coin de votre mémoire. Vous la retrouverez le moment où vous referez cet exercice.

→ Ramenez votre concentration sur votre corps. Essayez de percevoir les bonnes sensations présentes dans votre corps, les sentiments agréables... peut-être une détente plus profonde, une tranquillité plus importante, ou tout simplement un calme mental... Vous vivez votre propre expérience. Appréciez cet état pendant 5 bonnes minutes !

Je remobilise mon tonus musculaire et psychique

→ Préparez-vous à terminer votre séance.

→ Reprenez quelques respirations plus présentes, plus physiques... Partant de l'abdomen jusqu'en haut des épaules...

→ Placez maintenant votre attention sur le bout de vos pieds et commencer à remobiliser les muscles de vos pieds, de vos jambes jusqu'au bassin... Contractez et décontractez-les pour leur redonner du dynamisme...

→ Continuez à remobiliser le haut du corps, les bras... Vous pouvez vous étirer, doucement d'abord, puis plus énergiquement ensuite... plusieurs fois de suite...

→ Bougez vos épaules, vers l'avant, vers l'arrière... Vous pouvez vous frotter les muscles des épaules, de la nuque, tourner la tête à droite puis à gauche...

→ Frottez aussi les muscles de votre crâne, au-dessus et à l'arrière... Terminez par le visage...

→ Prenez le temps de bien revenir ici et maintenant avant d'ouvrir les yeux... Tout en conservant les bonnes sensations qui viennent d'être vécues, ouvrez les yeux !

Je note mon expérience, mes impressions, mon vécu.

(Revenez à la page 134 pour continuer votre cheminement en huit escales)

2 L'IMAGINATION CRÉATIVE

Un peu de théorie

L'imagination créative est l'aptitude que nous avons à nous représenter des objets en l'absence de perception visuelle, ainsi que des combinaisons d'objets ou de formes, même si celles-ci n'existent pas. Elle fait appel à l'imagerie mentale[1].

Il existe une relation entre le cerveau dans sa mécanique anatomique et ce processus de l'esprit (démontré par Gal, anatomiste et physicien autrichien), qui montre notamment que toutes les facultés humaines sont innées et peuvent être isolées au sein de zones cérébrales spécifiques.

En 2002, le neurobiologiste français Changeux met en évidence la plasticité neuronale par l'étroite relation qui existe entre le développement des structures cérébrales et l'émergence de la créativité. Lors d'une représentation mentale d'un objet ou d'une situation, se met en place un processus complexe de mouvements dans les voies cérébrales. Plusieurs biologistes, comme Ghiselin en 1985 ou encore Weber et Perkins en 1992, ont démontré que l'imagerie visuelle facilitait la résolution créative d'un problème. Le premier mouvement de stimulation des zones corticales mobilisées par l'image entraîne une stimulation d'autres zones dans le lobe frontal, favorisant la capacité de faire des choix et celle de faire émerger des solutions originales.

---

1 « Structures et mécanismes cérébraux sous-tendant la créativité : une revue de la littérature », Grégoire Borst, Amandine Dubois & Todd I. Lubart, laboratoire Cognition et Comportement (CNRS-FRE 2987), centre Henri Piéron, université Paris V, 71, avenue Édouard-Vaillant, 92774 Boulogne-Billancourt Cedex).

→

EXERCICE La vision zen

La vision zen, inspirée de la méthode Zensight de Carol Ann Roland, implique l'utilisation de métaphores pour progresser dans le lâcher-prise. La métaphore permet de représenter une idée, une situation, une relation vers un sens plus figuré, plus symbolique, plus significatif. Elle fonctionne par analogies. Au lieu de dire « Mettez du carburant dans votre réservoir », on dira « Mettez un tigre dans votre moteur », ce qui implique une idée plus complète que l'essence pour faire avancer la voiture, à savoir la force et la puissance dans le déplacement.

La métaphore se met en place grâce à la faculté de créativité et permet d'envisager une situation sous un angle différent, en utilisant l'imagination créative.

Elle permet, selon Marie-Louise von Frantz, collaboratrice de Carl Jung, de communiquer avec l'inconscient, qui parle le langage des contes et des récits plus que celui du rationnel et du linéaire. L'inconscient, pour Lacan, nous parle par des représentations mentales mythiques, symboliques ou métaphoriques, et ne répond donc pas aux mots.

Par exemple, le mot « table » est une convention donnée pour signifier une table, alors que l'image dessinée d'une petite table, même en deux dimensions, nous donnera la représentation concrète et directe de cette table. Il n'y a rien à décoder ! La métaphore nous permet de transformer les mots décrivant une situation en images reliées à des sentiments et des émotions, parlant ainsi directement à notre inconscient. C'est d'ailleurs ce qui nous permet de contourner nos mécanismes de défense et nos résistances, afin que nous lâchions prise en douceur de ce qui nous retient dans notre avancée. C'est une approche profondément respectueuse de soi parce qu'elle tient compte de son cadre de référence. À chacun sa métaphore !

PREMIÈRE ÉTAPE

Choisissez un symbole et un mot.

Le symbole représentera pour vous l'équilibre et l'harmonie (l'air, l'océan, une couleur, une forme géométrique...).

Mon symbole ____________________

Le mot sera porteur d'apaisement et du dépassement positif de la situation (paix, amour, santé, lâcher-prise...).

Mon mot ____

Vous allez les utiliser au cours du processus suivant, pour vous aider à relâcher et laisser aller tous les sentiments, les comportements et les schémas mentaux qui vous causent de la souffrance. Vous pouvez choisir n'importe quel symbole et n'importe quel mot, à partir du moment où il n'y a pas de connotations négatives associées. Le symbole que vous venez de choisir sera exactement ce qui est juste pour vous, tout en sachant que vous pouvez le changer à n'importe quel moment.

DEUXIÈME ÉTAPE

Trouvez une représentation métaphorique de la situation stressante pour laquelle vous n'arrivez pas à lâcher prise ou à renoncer. Par exemple, la difficulté à renoncer à une relation qui vous procure plus de souffrance que de bonheur pourrait être représentée par la métaphore de vous voir dans une cage sans porte, dont les barreaux sont serrés et l'extérieur de la cage, sombre. En cas de difficulté à évacuer la colère que vous avez envers votre patron, qui a été injuste envers vous, vous pourriez vous imaginer dans un no man's land sous une couche nuageuse très épaisse avec des éclairs qui fusent de partout, ne sachant plus où vous mettre.

Petit rappel

L'image métaphorique valant mieux qu'un millier de mots, elle permet de laisser venir naturellement sans les analyser toutes les nombreuses composantes émotionnelles et psychologiques qui contribuent à la difficulté de lâcher prise, nous plaçant ainsi naturellement dans un processus associatif plutôt que rationnel. Il n'est pas important de comprendre ou d'interpréter les phénomènes qui vont être vécus pendant la visualisation de la situation. Il s'agit juste de suivre l'évolution qui va se produire dans notre métaphore. Grâce à l'utilisation de votre symbole et de votre mot apaisant, l'inconscient choisira d'équilibrer tous les aspects importants facilitant le lâcher-prise et le renoncement. La compréhension pourra arriver plus tard, comme un bénéfice du travail effectué.

TROISIÈME ÉTAPE

Définissez votre objectif personnel.

→ Choisissez votre **situation stressante.**

Ma situation stressante ______________________________

____

→ Mesurez l'intensité de votre stress, entre 0 et 10.

0 | 1 | 2 | 3 | 4 | 5 | 6 | 7 | 8 | 9 | 10 →

→ Posez votre objectif.

Par exemple, apaiser ma colère contre mon patron.

À VOUS ______________________________

____

QUATRIÈME ÉTAPE

Utilisez le pouvoir de la métaphore.

Utilisez la **visualisation.** Laissez venir la représentation métaphorique de la situation. Concentrez-vous simplement sur l'image qui vient, avec l'intention de lui apporter l'équilibre. Observez l'image, puis prenez une respiration profonde et laissez-la partir.

Dans l'exemple choisi, vous pourriez vous voir dans un no man's land sous une couche nuageuse très épaisse avec des éclairs qui fusent de partout.

→ Concentrez-vous sur votre symbole d'équilibre pendant 12 à 15 secondes (par exemple, le soleil).

→ Prononcez mentalement votre mot apaisant une dizaine de fois (par exemple, le mot « calme »).

→ Après vous être concentré sur le symbole et le mot d'équilibre, revenez à l'image qui caractérisait la situation. Décrivez-la et constatez comme cette image a changé depuis la première fois.

Par exemple, la couche nuageuse est devenue très légère, le ciel bleu commence à apparaître, un paysage se dessine dans la brume.

À VOUS

À présent, l'image est devenue ______________________________

____

→ Répétez 2 ou 3 fois le processus décrit dans cette quatrième étape.
L'image va progresser en s'allégeant, voire en disparaissant...

Vous pouvez constater que des aspects de l'image changent au fur et à mesure que vous déroulez ce procédé, et vous allez commencer à vous sentir mieux. Prenez des respirations profondes, et laissez le symbole d'équilibre s'imprégner en vous. Remarquez aussi toute sensation corporelle désagréable, toute agitation, ou tout inconfort associé à l'image ou à la situation. Utilisez votre symbole d'équilibre pour vous aider à adoucir ou à transformer ces aspects aussi.

CINQUIÈME ÉTAPE

Utilisez le pouvoir des formules d'apaisement.

Lisez, à voix haute ou en silence, les affirmations suivantes, en ponctuant chaque fin de phrase par la visualisation de votre symbole d'harmonie (que vous venez d'utiliser) pendant 30 secondes environ et la répétition mentale de votre mot une dizaine de fois, ou jusqu'à ce qu'un changement soit ressenti (une relaxation physique, un calme mental...).

Les formules d'apaisement

☑ **J'apaise** toutes les tensions et les inconforts physiques que j'ai portés, à cause de cette situation, dans différentes parties de mon corps (→ *mon symbole + mon mot*).

☑ **J'apaise** toutes les colères que je peux ressentir au sujet de cette situation (→ *mon symbole + mon mot*).

☑ **J'apaise** toutes les peurs que je peux ressentir au sujet de cette situation (→ *mon symbole + mon mot*).

☑ **J'apaise** toute l'inquiétude que je ressens au sujet de cette situation (→ *mon symbole + mon mot*).

☑ **J'apaise** toutes les rancunes que je ressens au sujet de cette situation (→ *mon symbole + mon mot*).

☑ **J'apaise** tous les chagrins ressentis au sujet de toutes les choses qui n'auraient pas dû arriver dans ma vie, mais pourtant qui l'ont été (→ *mon symbole + mon mot*).

☑ **Je choisis de renoncer à mes colères,** à mes peines, à mes chagrins, à mes tristesses, à mes rancunes (→ *mon symbole + mon mot*).

☑ **J'apaise toutes les raisons** qui font que j'ai peur de faire face au futur (→ *mon symbole + mon mot*).

→ **Respirez et prenez le temps de faire le point sur votre métaphore.**

Décrivez votre image maintenant ______________________________

____

____

S'il y a toujours une image, continuez avec les formules suivantes.

☑ **J'apaise** tout ce qui m'empêche de lâcher prise dès à présent (→ *mon symbole + mon mot*).

☑ **J'apaise** tout ce qui me retient dans ma liberté d'être (→ *mon symbole + mon mot*).

☑ **J'apaise** toutes les croyances portées en moi qui m'empêchent de lâcher prise (→ *mon symbole + mon mot*).

☑ **J'apaise** toutes les croyances portées en moi me disant que c'est ce que je mérite (→ *mon symbole + mon mot*).

☑ **Je transforme** toutes les croyances portées en moi qui ne servent pas mes meilleurs intérêts pour lâcher prise complètement dans cette situation (→ *mon symbole + mon mot*).

☑ **J'apaise** tous les conflits spirituels ou les croyances spirituelles qui servent à retenir ces émotions ou ces pensées en moi (→ *mon symbole + mon mot*).

☑ **J'apaise** toutes les décisions originelles qui disent que je ne suis pas assez bon (→ *mon symbole + mon mot*).

☑ **J'apaise** toutes les décisions prises dans cette vie, quel que soit le temps où j'ai essayé de me sentir mieux à propos de quelque chose et que je n'y suis pas arrivé (→ *mon symbole + mon mot*).

☑ **J'apaise** toutes les décisions prises par toutes les parties de moi-même qui me disent que quelque chose de mauvais va m'arriver (→ *mon symbole + mon mot*).

☑ **Je renonce** à vouloir maîtriser complètement l'esprit (→ *mon symbole + mon mot*).

☑ **Je renonce** aux généralités et à toutes les idées préconçues qui disent que « c'est comme ça que cela devrait se passer » (→ *mon symbole + mon mot*).

☑ **Je renonce** à ce qui est inutile pour revenir à ce qui est vraiment important pour moi (→ *mon symbole + mon mot*).

☑ **Je renonce** à vouloir maîtriser le destin (→ *mon symbole + mon mot*).

→ **Respirez et prenez le temps de faire le point sur votre métaphore.**

Décrivez votre image maintenant ______________________________

____

____

S'il y a toujours une image, continuez avec les formules suivantes.

☑ **J'apaise** tous les blocages qui contribuent à toute cette situation (→ *mon symbole + mon mot*).

☑ **J'apaise** toutes les fois où j'ai appris que je devais fonctionner de cette manière limitante pour moi (→ *mon symbole + mon mot*).

☑ **J'apaise** tous les chemins en moi qui doutent de ma capacité à lâcher prise (→ *mon symbole + mon mot*).

☑ **J'apaise** toutes les voies où je me sens coincé (→ *mon symbole + mon mot*).

☑ **J'apaise** tous les paradoxes intérieurs supplémentaires connectés à cette situation, que je n'ai pas encore abordée (→ *mon symbole + mon mot*).

☑ **J'installe** de nouvelles possibilités en moi, éprouvant un nouveau sens d'espoir et sachant qu'en ce temps je peux lâcher prise et que j'y arriverai (→ *mon symbole + mon mot*).

☑ **J'installe** une nouvelle conscience en moi qui dit que c'est bon pour moi (→ *mon symbole + mon mot*).

☑ **J'installe** de nouvelles sensations de pétillement en moi, en sachant que je suis sur le bord d'un équilibre nouveau et passionnant, et d'une nouvelle occasion d'apprendre (→ *mon symbole + mon mot*).

→ **Respirez et prenez le temps de faire le point sur votre métaphore.**

Décrivez votre image maintenant ______________________________

____

____

____

Passez maintenant à l'étape suivante.

SIXIÈME ÉTAPE

Transformez vos limitations au lâcher-prise.

Utilisez les formules de clôture suivantes, toujours en mettant en fin de phrase mentalement votre symbole, puis en exprimant intérieurement votre mot apaisant.

Les formules de clôture

☑ **J'apaise** toutes les tendances que toutes les parties de moi veulent garder dans ce qui est familier plutôt que d'avancer (→ *mon symbole + mon mot*).

☑ **Je transforme** toutes les décisions, les restrictions de vie passées et les contrats sacrés en relation avec toutes ces restrictions qui ne servent pas mon plus haut bien maintenant (→ *mon symbole + mon mot*).

☑ **J'apaise** tous les traumatismes en relation avec toutes ces restrictions (→ *mon symbole + mon mot*).

☑ **J'apaise** toutes les restrictions générationnelles ou ancestrales associées à ceux-ci (→ *mon symbole + mon mot*).

☑ **J'apaise** toutes les voies par lesquelles ces restrictions ont été portées dans mon corps, mon champ d'énergie, dans l'ADN, dans les cellules, au niveau moléculaire (→ *mon symbole + mon mot*).

☑ **J'apaise** tous les circuits neuronaux en relation avec ces restrictions, qui ne servent pas mon plus haut bien maintenant (→ *mon symbole + mon mot*).

☑ **J'installe** de nouveaux circuits neuronaux pour soutenir, renforcer et continuer l'équilibre qui s'est produit et qui va se produire (→ *mon symbole + mon mot*).

☑ **J'apaise** toutes les empreintes énergétiques de quelque sorte que ce soit en relation avec toutes ces restrictions (→ *mon symbole + mon mot*).

☑ **J'apaise** tous les schémas, les émotions, les comportements, les habitudes et les pensées en relation avec ces restrictions (→ *mon symbole + mon mot*).

☑ **Toutes les parties de moi reçoivent** cet apaisement et cette liberté maintenant (→ *mon symbole + mon mot*).

☑ **J'étends** tout cet apaisement et cette liberté au passé, au présent et au futur (→ *mon symbole + mon mot*).

SEPTIÈME ÉTAPE

Installez une voie de liberté nouvelle en vous.

Terminez le processus en installant des émotions positives, des croyances ou des idées positives que vous pensez aidantes dans cette situation.

☑ **J'installe** maintenant en moi de nouvelles sensations de paix, de tranquillité, d'apaisement (→ *mon symbole + mon mot*).

☑ **Je m'aime** profondément et complètement (→ *mon symbole + mon mot*).

☑ **J'expérimente** maintenant un nouveau sens de calme intérieur (→ *mon symbole + mon mot*).

☑ **Je fais savoir** à toutes les parties de moi que je suis en sécurité, profondément et complètement (→ *mon symbole + mon mot*).

☑ Maintenant, en ce moment, **je suis** merveilleusement et exactement ce que je suis (→ *mon symbole + mon mot*).

☑ **J'installe** un sens croissant de conscience en moi, en sachant que j'ai les compétences et les capacités de créer le lâcher-prise que je souhaite (→ *mon symbole + mon mot*).

☑ **Je me sens libre** de mes mouvements (→ *mon symbole + mon mot*).

☑ **Je choisis** de vivre un lâcher-prise agréable (→ *mon symbole + mon mot*).

→ Mesurez maintenant l'intensité de votre stress, entre 0 et 10.

0 | 1 | 2 | 3 | 4 | 5 | 6 | 7 | 8 | 9 | 10 →

Quel constat faites-vous ? ______________________________

____

____

Au quotidien

Pensez à utiliser votre mot ou votre symbole d'équilibre dans votre quotidien quand vous vous sentez énervé, anxieux ou tendu. Prenez un moment pour respirer profondément et concentrez-vous simplement sur votre symbole d'équilibre. Pour permettre au désordre de s'adoucir, de se dissoudre ou de disparaître complètement, observez comment vous vous sentez quand vous faites cela.

Pensez à utiliser le symbole en marchant pendant 10 à 20 minutes par jour ; cela pourra vous procurer une sensation plus agréable de paix, de relaxation, et parfois aussi une sensation de chaleur ou de vitalité.

(Revenez à la page 132 pour continuer votre cheminement en huit escales, puis à la page 133)

3 LA PROJECTION

La capacité de **projection,** très utilisée en sophrologie, fait appel à la visualisation. Elle consiste à placer mentalement une intention en la reliant à des images et à des sensations dans un temps du futur. Elle invite à mobiliser son imagination de manière positive.

EXERCICE La bulle rose

PROCESSUS

- Tout d'abord, on s'installe dans la détente.
- On pense à une situation pour laquelle on a des difficultés à lâcher prise.
- On imagine ensuite une bulle rose, dans laquelle on place cette situation.
- Enfin, on laisse mentalement partir cette bulle en la regardant s'éloigner jusqu'à ce qu'elle disparaisse.

À VOUS

→ Installez-vous confortablement, en position assise ou allongée. Prenez le temps de vous concentrer sur votre respiration, le mouvement du corps à l'inspiration et à l'expiration. Sentez votre corps qui s'installe dans la détente et qui se relâche progressivement, permettant au mental de se calmer également.

→ Pensez maintenant à une situation pour laquelle vous avez des difficultés à lâcher prise. Essayez de la voir dans tous ces détails… de vous voir en relation avec les autres personnes concernées… de voir ce que vous voudriez qu'il se passe… la manière dont vous voudriez que les choses se déroulent si tout était parfait… Essayez de rester sur tout ce qui est positif et mettez de côté toutes les autres choses grâce à votre expiration. Utilisez si besoin est la puissance de votre expiration plusieurs fois de suite, comme si vous vouliez éteindre une bougie. Votre souffle se doit d'être fort et puissant si vous voulez évacuer ces éléments « négatifs ». Revenez ensuite à votre situation. Vérifiez bien tous ces détails.

→ Maintenant, imaginez une bulle rose. Le rose est la couleur du cœur. Si vous n'êtes pas à l'aise avec cette teinte, prenez le vert. Ce sera bon aussi ! Imaginez votre bulle rose, bien faite, suffisamment grande pour contenir tous les éléments de votre situation. Placez-les dans votre bulle rose. Ne laissez rien traîner dans votre esprit. Placez toutes les idées, les émotions, dans cette bulle rose.

→ Enfin, acceptez de laisser partir votre bulle. Symboliquement, vous signifiez à votre inconscient que vous acceptez de prendre de la distance par rapport à cette situation. Vous vous autorisez à la laisser partir pour qu'elle se nourrisse et qu'elle évolue selon des paramètres multiples sans votre intervention. Vous lâchez prise. Vous permettez à cette situation de trouver le meilleur chemin pour qu'elle se concrétise à l'avenir en tenant compte de tous les intervenants impliqués... alors qu'il vous est impossible de connaître tous les tenants et les aboutissants en relation avec cette situation. Essayez de voir cette bulle s'éloigner de vous, portée par le vent de l'univers, la laissant se déposer plus tard dans le futur, selon son choix. Respirez profondément en essayant de ressentir du contentement, la satisfaction d'avoir réussi à faire partir cette bulle pour que la situation soit libre de son expression...

→ Lorsque vous vous sentez prêt, en ramenant bien votre esprit ici et maintenant, respirez plusieurs jusqu'en haut des épaules. Étirez-vous de tout votre corps deux ou trois fois de suite, puis ouvrez les yeux.

Comment avez-vous vécu cette expérience ?
Notez vos impressions, votre constat, et regardez ce qu'il y a eu de positif dans cette projection.

____

____

____

____

____

____

____

____

(Revenez à la page 138 pour continuer votre cheminement en huit escales)

4 L'APAISEMENT ÉMOTIONNEL

L'EFT (*Emotional Freedom Techniques*) de Gary Craig, ou techniques de liberté émotionnelle, utilise le système des méridiens d'acupuncture. Dans cette pratique, vous allez **utiliser la stimulation en séquence de certains points** se trouvant sur les méridiens d'acupuncture, soit par des petits massages circulaires, soit par des tapotements légers avec deux ou trois doigts, **en restant concentré sur l'état émotionnel en relation avec la situation choisie.** Vous pouvez refaire l'exercice autant de fois que vous le souhaitez... dans la journée, proche de l'événement vécu, à distance, avant de vous endormir ou à chaque fois que cet événement stressant vous revient à l'esprit. Vous permettez ainsi au corps de se rééquilibrer intérieurement pour vivre des sensations de détente et d'apaisement, et à l'esprit, s'étant libéré des ressentis désagréables, de ne pas enregistrer dans la mémoire les inconforts qui auraient pu conditionner des actions et des réactions futures similaires, même en situation semblant nouvelle.

Pour commencer, massez en petits cercles, avec le bout des doigts (index et majeur) de chaque main, les points portés sur le schéma, des deux côtés en même temps.

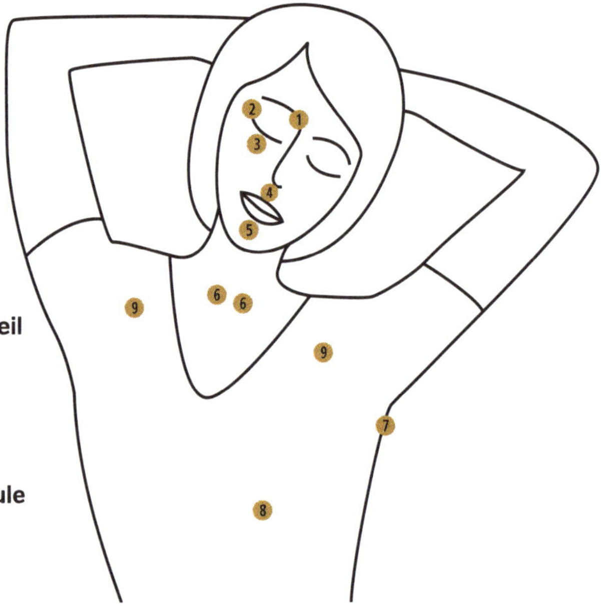

1. **Début du sourcil**
2. **Coin externe de l'œil**
3. **Dessous de l'œil**
4. **Sous le nez**
5. **Creux du menton**
6. **Début de la clavicule**
7. **Dessous du bras**
8. **Sous les seins**
9. **Points de congestion lymphatique**

EXERCICE S'apaiser émotionnellement

➜ Massez chaque point pendant 1 à 2 minutes en restant concentré sur le ou les aspects émotionnels présents ou les sensations physiques (colère, sentiment d'injustice, énervement, incertitude, ennui, envie, tension au plexus solaire, crispation à la tête...), mais aussi sur la situation en elle-même, ce que vous en pensez, ce que cela procure en vous maintenant...

➜ Répétez cette stimulation de tous les points autant de fois que nécessaire, trois, quatre, dix, pendant tout le temps où vous êtes plongé dans l'état émotionnel désagréable, jusqu'à ce vous ressentiez un apaisement en vous.

➜ Ensuite, stimulez par petits cercles les points dits de congestion lymphatique (9 sur le shéma), en restant concentré autant de temps que nécessaire sur chacune des phrases suivantes :

Je suis capable de retrouver mon calme même si j'ai été très énervé, irrité, stressé ou peiné... rempli de désir ou d'envie (choisir le ou les ressentis en fonction de votre situation personnelle).

Malgré cette situation qui m'a touché, stressé, blessé ou peiné, je m'accepte complètement.

Et même si je ne m'accepte pas complètement, je peux envisager de m'accepter dans cette situation, aujourd'hui et en cet instant. Je peux choisir de lâcher prise de toutes ces émotions, de toute cette situation.

➜ Ensuite, prenez trois grandes respirations, du bas de l'abdomen jusqu'en haut des épaules.

➜ Stimulez à nouveau tous les points du schéma. Cette fois-ci, **pendant que vous stimulez chaque point,** concentrez-vous sur les idées suivantes en les répétant au moins 3 fois mentalement, puis arrêtez de stimuler et, en laissant les doigts posés sur le point, prenez une grande respiration avant de passer au point suivant.

1 **Début du sourcil** ➜ *je suis capable de lâcher prise maintenant.*

2 **Coin externe de l'œil** ➜ *je choisis de calmer mon mental et mes pensées.*

3 **Dessous de l'œil** ➜ *j'aime être joyeux et heureux.*

4 **Sous le nez** ➜ *j'aime vivre la tranquillité.*

5 **Creux du menton** ➜ *je me sens soulagé et apaisé.*

6 **Début de la clavicule** ➜ *je rigole déjà de l'absurdité de cette situation.*

7 **Dessous du bras** ➜ *en cet instant, je suis capable de m'apprécier profondément.*

8 **Sous les seins** ➜ *j'aime quand je me sens bien en moi et quand je suis joyeux en moi.*

→ Terminez par un massage du dessus de votre tête avec le bout de tous vos doigts, en vous concentrant sur la phrase suivante, 3 fois de suite :

Tant que je vis, il y a de l'espoir, et je le sais. Cet espoir me soutient et m'encourage à être moi-même dans tous les aspects de mon existence. Cet espoir m'encourage à lâcher prise maintenant parce que je sais, au fond de moi, que de meilleures solutions m'attendent.

→ Mesurez maintenant l'intensité de votre stress, entre 0 et 10.

0 | 1 | 2 | 3 | 4 | 5 | 6 | 7 | 8 | 9 | 10 →

Quel constat faites-vous par rapport à votre état avant la séquence ?

____

____

____

EXERCICE Transformer les croyances

Rappelez-vous !

Une croyance est une vérité issue de notre éducation, héritée de nos parents, de nos grands-parents, de l'école ou de la famille, de la culture ou de la religion à laquelle on adhère. Elle définit nos points de vue, nos attitudes et nos comportements, ce que nous nous autorisons à faire ou à ne pas faire, ce que nous pensons devoir faire de ce qui ne doit pas se faire. En réalité, elle n'est pas une vérité factuelle ni universelle.

Les croyances correspondent à des règles de conduite que nous nous donnons pour avancer dans notre vie, et beaucoup de croyances sont des fictions : « Il faut souffrir pour être belle », « Un homme ne doit pas pleurer » ou « Les enfants doivent être sages » donnent ainsi des modes d'emploi à la vie, mais certaines sont très restrictives, limitantes, voire sources de souffrance, qui empêchent d'appliquer avec facilité le lâcher-prise.

(Revenez à la page 134 pour continuer votre cheminement en huit escales)

À VOUS

→ Repensez à votre plan d'action, **l'escale de la sortie des illusions** (page 121). Regardez la croyance qui agit dans votre situation et concentrez-vous dessus. Vous pourriez aussi refaire le même exercice avec d'autres croyances qui surgiront peut-être dans votre histoire et pour lesquelles vous souhaitez gagner en liberté.

→ Maintenant, trouvez **un point sensible du côté gauche du thorax** (à la hauteur du bandeau de soutien-gorge pour les femmes, et au milieu des côtes pour les messieurs). Appuyez avec un ou deux doigts sur ce point et frottez sans cesse en formant un petit cercle, tout disant à voix haute :

Même si une partie de moi ne se sent pas libre, je m'aime et je m'accepte profondément et totalement.

Même si je n'ai jamais été à l'aise avec ceci, je choisis d'être libre, maintenant.

Même si je ne sais pas pourquoi je me suis imposé des limites dans le passé, je choisis de devenir illimité maintenant.

→ Tapotez légèrement du bout des doigts le **bord des sourcils,** près du haut du nez, et dites à voix haute :
Je libère toute programmation de mon passé qui a fait que je ne connais pas le lâcher-prise et la liberté.

→ Arrêtez de tapoter, laissez les doigts sur les points, inspirez et expirez lentement.

→ Tapotez légèrement du bout des doigts le **bord externe des yeux,** à la hauteur des tempes, et dites à voix haute :
Je libère toute la colère que je ressens au sujet de mes comportements du passé.

→ Arrêtez de tapoter, laissez les doigts sur les points, inspirez et expirez lentement.

→ Tapotez légèrement du bout des doigts l'**os sous les yeux,** et dites à voix haute :
Je libère la peur que je ressens, peur causée par ce qui m'est arrivé dans la vie jusqu'à maintenant.

→ Arrêtez de tapoter, laissez les doigts sur les points, inspirez et expirez lentement.

→ Tapotez légèrement du bout des doigts **sous votre nez,** et dites à voix haute :
Je libère toute confusion ou gêne qu'il me reste entourant mes comportements du passé.

→ Arrêtez de tapoter, laissez les doigts sur le point, inspirez et expirez lentement.

→ Tapotez légèrement du bout des doigts **le creux du menton,** et dites à voix haute :
Je libère toute honte que je peux avoir par rapport à ma condition passée ou actuelle.

→ Arrêtez de tapoter, laissez les doigts sur le point, inspirez et expirez lentement.

Repensez maintenant à votre situation et à votre croyance.

Quel constat faites-vous ? ______

______

______

______

→ Prenez le temps de construire une nouvelle croyance, une nouvelle idée aidante.

Sandrine pourrait alimenter l'idée nouvelle que ce n'est pas parce que Pierre vit des choses sans elle qu'il va l'abandonner. L'amour ne se réduit pas à des activités communes.

À VOUS ______

______

______

______

→ **Prenez le temps de respirer profondément,** fermez les yeux et imaginez ce que c'est que de vivre cette situation dans le lâcher-prise, d'une manière positive, libéré de cette croyance encombrante. Pensez à votre nouvelle croyance. Laissez-vous plonger dans la nouvelle situation comme si vous y étiez. Laissez venir les images et gardez-les à l'esprit pendant quelque temps. Vivez cette situation intensément, voyez-la, sentez-la, goûtez-la, vous pouvez même la toucher. Vivez l'expérience avec tous vos sens, puis rangez-la dans un coin de votre mémoire. Reprenez quelques respirations profondes et, lorsque vous vous sentez prêt, ouvrez les yeux.

Notez ici vos impressions, images, ressentis positifs ______

______

______

______

______

(Revenez à la page 132 pour continuer votre cheminement en huit escales)

ÉTAPE 3 / OBJECTIF 6 JE FAIS LE POINT

JE RETIENS

☑ Je peux utiliser mes capacités mentales, comme l'imagination, et mes aptitudes corporelles, comme la respiration, pour lâcher prise plus facilement.

☑ Une des voies de communication avec l'inconscient est la métaphore.

☑ Mes croyances sont des vérités pour moi, mais ne sont pas des réalités universelles.

☑ J'ai les moyens de calmer facilement mes émotions en passant par des techniques corporelles.

QUIZZ

Êtes-vous d'accord avec les idées suivantes ?

1. La métaphore est un processus digital.	OUI	NON
2. Toutes les facultés humaines peuvent être localisées dans des zones cérébrales spécifiques.	OUI	NON
3. La concentration sur la respiration permet de mettre le mental au repos.	OUI	NON
4. Observer les sensations corporelles permet de vivre l'instant présent.	OUI	NON

1. non 2. oui 3. oui 4. oui

MA PRATIQUE DU LÂCHER-PRISE À CE JOUR

Notez ici vos réflexions intimes, dites-le avec vos mots.

Ce que je retiens de ce chapitre :

Ce qui me semble important :

Ce que j'arrive à faire facilement pour lâcher prise :

Quels progrès ai-je déjà réalisé depuis que je pratique les exercices physiques, émotionnels ou mentaux :

Ce que j'aimerais approfondir dans ma pratique du lâcher-prise :

ÉTAPE

4

OBJECTIF 7

JE SAIS QUAND ÊTRE ACTEUR DE MA VIE ET QUAND ACCUEILLIR ET LAISSER FAIRE

▼ PROGRAMME

▼ À L'ISSUE DE CE CHAPITRE, JE SERAI CAPABLE DE

- ☑ Comprendre l'interrelation existante entre destin et destinée dans le lâcher-prise
- ☑ Me recentrer grâce au mandala du lâcher-prise
- ☑ Reconnaître les différentes voies du processus alchimique qui agissent dans ma vie

1 DESTIN ET DESTINÉE

L'amour devient l'unique force qui meut la vie. La crainte a disparu. L'espoir et le temps n'existent plus. Il vit dans l'éternel instant de ce qui est. Il n'y a plus que la joie d'être. Et d'être relié à tous les êtres.

Frédéric Lenoir

DESTIN ET DESTINÉE SE CROISENT TOUJOURS DANS LA VIE

Pourquoi, ce jour-là, avoir tourné à droite plutôt qu'à gauche ? Pourquoi, arrivés à un carrefour, avons-nous été attirés par cette route plutôt que par une autre ? Pourquoi cet impondérable nous est-il arrivé à ce moment de notre histoire ? Pourquoi avons-nous choisi de réaliser ce projet maintenant ?

- Le **destin** est un ensemble d'événements supposés être prédéterminés par une conscience située hors du contrôle de l'homme. Il est mené par le « hasard », les circonstances impondérables, l'inévitable. Il concerne ce sur quoi nous ne pouvons agir, comme la mort d'un être cher, mais aussi le contrat qui représente une aubaine...
- La **destinée,** elle, se crée à partir de ses désirs et de ses choix. C'est à chacun de la créer, de la diriger.

Le destin fait que deux êtres se rencontrent. Ce que font ces deux êtres de leur rencontre est la destinée.

Le lâcher-prise amène toujours à considérer ces deux aspects de la vie.

Si nous voulons nous acharner contre le destin, c'est souvent peine perdue, et nous perdons beaucoup d'énergie. Si nous ne menons pas notre destinée comme nous le devrions, nous subissons, et par conséquent immobilisons notre énergie.

LE PROCESSUS ALCHIMIQUE : LA VOIE DU NON-AGIR, LA VOIE DE L'AGIR, LA VOIE DU LAISSER-AGIR

Rappel : ce à quoi nous pensons détermine nos sentiments et nos actions au regard de la vie.

Pour Miriam Greenspan, trois voies agissent ensemble dans un processus alchimique pour passer de la peur à la joie de vivre. Par processus alchimique, entendez un ensemble d'opérations permettant de transformer rapidement ce qui « plombe » la vie – des émotions difficiles, un comportement inadéquat ou une manière défaitiste de voir la vie – en « or » – c'est-à-dire en tout ce qui peut nous rendre heureux.

Comment utiliser ces aspects dans le scénario du lâcher-prise ?

- **La voie du « non-agir »** est la voie qui permet de sortir de l'émotion vécue lors d'une situation à laquelle on s'accroche. C'est la voie de la présence à soi, l'accueil de la vulnérabilité, l'absence d'objectif donné. On lâche l'envie de commander aux choses, sa toute-puissance. On choisit de se placer dans l'observation du phénomène, d'écouter les sensations présentes, d'accepter de vivre le temps d'un instant cet inconfort, de ne plus lutter contre lui, afin de le reconnaître et de l'aimer. C'est la voie de la permission donnant au **destin** la capacité de se réaliser sans lutte excessive, en conservant une confiance et une foi absolues en une force bénéfique plus grande que soi.
- **La voie de l'« agir »** est conséquente à la voie du non-agir. Alors qu'apparaissent les vraies raisons de notre volonté de diriger les choses, même les impondérables, de nouveaux modèles d'action se mettent en place. Une justesse d'action prend place, correspondant à notre vrai désir. On prend en main sa **destinée,** mettant en place des comportements plus adaptés aux situations, une communication plus claire de ce que nous voulons et ne voulons plus vivre, des relations plus saines.
- **La voie du « laisser-agir »** permet ensuite de laisser vivre les circonstances, comme une forme de capitulation et d'appréciation à ce qui a été repéré, dit et mis en place. Comme une toupie que l'on prend en main et que l'on active au démarrage pour la faire tourner, le fil se lâche pour lui laisser ensuite le temps de poursuivre, à son propre rythme, le mouvement entamé. Ce laisser-vivre est porteur de joie parce qu'il est la production finale de notre processus alchimique. Il implique d'adhérer à l'idée qu'il y a un moment parfait pour la réalisation des choses, un juste temps, où tout s'imbrique alors avec précision sans que nous ayons d'efforts particuliers à faire.

TOUCHER LA PARTIE DE SA NATURE PROFONDE

Pour faciliter le processus alchimique des trois voies, il importe de toucher la partie de sa nature profonde.

En soi se trouve la possibilité de toucher un état de conscience naturel, non fabriqué, non altéré, qui existe au-delà des pensées et des émotions, comme une forme de conscience « biologique », présente depuis la naissance, qui représente un tout, un état d'être. Pour la contacter, nous devons apprendre à lâcher prise de notre mental, qui voudrait nous maintenir la tête hors de l'eau, alors que nous aurions à plonger dans les profondeurs de notre océan personnel, sans crainte et sans peur, parce que cet état est lumineux, bienveillant, rassurant, apaisant. Notre perception a besoin de se réveiller à cet état naturel de notre conscience, à une forme d'innocence première, au-delà de notre volonté de contrôler les choses. Nous sommes, en tant qu'humains, fabriqués pour toucher cet état d'éveil. Ce faisant, nous sommes alors davantage prêts à nous **relier à notre intuition des choses,** afin que nous permettions d'être à ce qui doit être.

PAR EXEMPLE *Votre mental pourrait vous faire croire qu'il est bon de s'acharner dans cette profession de comptable parce qu'elle est socialement correcte, alors que votre intuition vous dit que vous vous sentiriez mieux en faisant un métier d'accompagnement d'autrui. En luttant contre votre nature profonde, vous ne serez vraiment jamais satisfait, alors que si vous acceptez de répondre à cette intuition, vous vous épanouirez dans votre métier.*

Si vous voulez être comme un chat alors que vous êtes un poisson, vous serez un « mauvais » chat. Vous aurez du mal à retomber sur vos pattes. En revanche, vous pouvez être un « excellent » poisson, qui saura naviguer avec le courant.

2 LE MANDALA DU LÂCHER-PRISE

Le mandala est un outil de croissance et de transformation indéniable dans le lâcher-prise. Il crée des opportunités pour organiser la structure psychique vers davantage de liberté. En nous permettant d'accéder à cette conscience naturelle que nous sommes, tout en aidant à faire le point sur notre état d'esprit présent, il permet d'ouvrir de nouvelles voies sur des possibilités à venir.

> Tous les matins, j'esquissais dans un carnet un petit dessin en forme de rond, un mandala qui semblait correspondre à ma situation intérieure. En m'appuyant sur ces images, je pouvais observer, jour après jour, les transformations psychiques qui s'opéraient en moi... Ce n'est que lentement que je trouvai ce que signifie à proprement parler un mandala : formation, transformation. Il devint de plus en plus évident pour moi que le mandala est le centre. C'est le modèle de toutes les voies. C'est la voie qui mène au centre, à l'individuation.
>
> *C.G. Jung*

Préparez votre matériel et votre environnement

→ Installez-vous confortablement dans un endroit agréable et plaisant. Choisissez une musique douce et tranquille qui vous plaît. Prenez vos crayons de couleur et faites une photocopie du mandala du lâcher-prise.

Mettez-vous en condition mentale

→ Lorsque vous vous sentirez prêt, prenez le temps de lire le texte suivant. Laissez les mots ou les images flotter dans votre esprit, sans vouloir les maintenir présents ou les contrôler.

→ Concentrez-vous ensuite sur votre mandala, en laissant venir les couleurs naturellement, selon l'envie ou la sensation d'apaisement que cela procure.

→ Terminez l'exercice en vous concentrant pendant quelques instants sur cette affirmation : **je fais confiance à la vie.**

Instant méditatif

Ainsi donc, l'esprit existait dans ce vide où il n'y a rien. Imaginez que vous êtes ce petit esprit au milieu du grand vide. Si vous restiez dans ce vide pendant longtemps, peut-être que vous vous ennuieriez ou que vous seriez curieux. Ou alors, peut-être que vous vous sentiriez seul. Vous voudriez essayer quelque chose de nouveau et, par conséquent, vous seriez prêt pour une nouvelle aventure dans votre vie.

L'esprit projeta ainsi consciemment un rayon dans ce vide. Il fit d'abord cela devant lui, puis revint à la position de départ. Il se projeta ensuite dans la direction opposée avec autant de force. Toujours en revenant au centre après chaque projection, l'esprit s'élança à droite, puis à gauche, vers le haut et enfin vers le bas. Il s'était maintenant projeté dans six directions différentes avec exactement la même force. En étant devenu un être conscient, il décida de joindre les six extrémités : il forma un cercle en joignant tous les points autour de lui. Il obtint une sphère. Du point de vue de l'esprit, en créant ce champ autour de lui, il avait créé un objet, une forme. Le mouvement était désormais possible : faire le tour, sortir de la forme, s'éloigner et revenir, ou encore rester assis à l'intérieur de sa forme.

Dans ce système, cette sphère est ainsi dans le vide, l'intérieur est en tout point semblable à l'extérieur, la seule chose qui est maintenant différente est la membrane, la surface de cette première sphère. Ainsi, la conscience décida d'aller à la surface. Peu importe la manière d'y aller et l'endroit où se retrouver sur cette sphère, la conscience effectua son premier mouvement. À ce point, l'esprit sait faire deux choses : créer une sphère et se déplacer. Ainsi, dès qu'il arriva à la surface de la première sphère, il créa une deuxième sphère identique à la première. À l'intersection des deux sphères se trouve le *vesica piscis*, qui ressemble à une lentille solide en trois dimensions, la géométrie qui engendre la vie.

La consigne étant toujours d'aller vers ce qui est tout nouvellement créé, l'esprit se déplaça alors vers le nouveau cercle du *vesica piscis*, quelque part sur ce cercle, peu importe l'endroit, et créa une troisième sphère. À chaque fois qu'une sphère est créée, c'est une immense quantité d'informations qui est créée également et davantage de modes créatifs en résultent. En dessinant la quatrième sphère, c'est la moitié de la création qui est terminée. À la cinquième sphère, ce sont davantage d'informations qui sont ajoutées aux précédentes. C'est alors qu'à la sixième apparaît un miracle géométrique : le dernier cercle forme une fleur complète à six pétales. Cette fleur est le commencement de la création de cet univers dans lequel nous vivons tous. Puissions-nous comprendre l'unité qui existe dans la création pour enfin transcender notre conscience de la dualité.

[Revenez à la page 134 pour continuer votre cheminement en huit escales]

3 L'HISTOIRE DE MON PIANO

Un jour, j'ai décidé de reprendre le piano. J'avais appris à jouer de cet instrument dans mon enfance, et ce n'est que bien des années plus tard que m'est revenu le goût de jouer. J'ai alors repris des cours. Vint le moment d'acheter un « vrai » piano. Je jouais en effet à ce moment-là sur un piano électrique. Demandant conseil à un accordeur, je lui décrivais ce que je voulais, à savoir un piano qui me permettrait de développer et d'exprimer ma sensibilité artistique. Il me conseilla une marque qui pouvait correspondre totalement à ce que je recherchais et, comble de bonheur, il connaissait une femme qui voulait vendre un piano comme ça. Il me donna ses coordonnées, et je pris contact avec la dame. Elle m'annonça qu'elle avait déjà réservé ce piano pour la fille d'une de ses amies, mais que si celle-ci ne l'achetait pas, il serait à moi.

Je m'installais donc, confiante, dans le lâcher-prise, me disant naturellement que, si ce piano devait être le mien, la personne ne le prendrait pas. Quelques jours plus tard, elle m'annonça que son amie s'était dédite et qu'il était à moi si je le voulais toujours. « Bien évidemment, lui répondis-je, bien que je veuille payer en plusieurs fois le montant de l'achat. » Elle n'était pas très partante car elle voulait le règlement de la somme en une seule fois, pour pouvoir acheter le quart de queue qu'elle visait.

Devant son refus, je décidais de poursuivre ma recherche sur Internet afin de voir si d'autres possibilités existaient pour moi. Ayant trouvé exactement le même piano, je pris contact avec son vendeur, sauf qu'il n'était pas proche de mon lieu d'habitation, mais à plusieurs centaines de kilomètres, dans une ville du sud de la France. Il me proposait le piano au même prix, un règlement en plusieurs fois, un tabouret et le transport gratuit. Que du bonheur ! Pourtant, je ne pouvais pas aller l'essayer, ce que m'avait vivement conseillé mon accordeur. À ce prix-là, pour lui, on n'achetait pas sans voir !

J'ai alors été prise d'inquiétude et je me suis rabattue sur le premier piano, d'autant que j'avais eu l'occasion de jouer quelques notes sur le piano d'une amie et que le son ne m'avait pas plu. Je repris contact avec la propriétaire pour convenir d'un rendez-vous pour le voir. C'était un lundi après-midi. J'étais toute contente. Je m'investissais complètement dans cet achat, essayant de trouver les fonds nécessaires pour le payer comptant. Je pensais que ce piano devait être à moi et je faisais absolument tout en mon pouvoir pour l'acheter, même si je devais m'occuper du transport et de l'acquisition d'un tabouret en plus. Toute mon énergie était dirigée vers ce piano.

Et puis, le pire est arrivé ! Le dimanche soir précédant notre rencontre, la dame m'appela. Elle me dit qu'elle avait trouvé un acquéreur qui payait comptant car, malgré sa promesse de me le vendre, elle ne pensait pas que je pourrais le payer. J'étais furieuse. Ce piano était le mien, je m'y étais tellement préparée.

Je ne voulais pas rester dans cette colère. Je décidai donc de lâcher prise en pratiquant différents exercices pour me calmer et de faire le point sur la situation, de déterminer ce sur quoi je pouvais agir et ce sur quoi je ne pouvais pas agir. Je ne pourrais jamais connaître les raisons qui avaient poussé cette dame à vendre son piano à une autre personne que moi alors qu'elle me l'avait promis.

Je repris contact quelques jours plus tard avec le vendeur du sud de la France afin de savoir si son piano était toujours disponible. Et chance ! Il l'était, malgré le temps qui s'était écoulé. C'était au fond ce piano qui était pour moi, aux conditions idéales finalement. Sans l'avoir vu ni écouté, je l'ai acheté. J'ai fait confiance à mon intuition et conservé la foi dans ce que la vie voulait me proposer.

Lorsque j'ai enfin reçu mon piano et que j'ai pu jouer dessus, j'ai été touchée… C'était exactement celui qu'il me fallait !

JE FAIS LE POINT ÉTAPE 4 / OBJECTIF 7

ET VOUS, QUELLE EST VOTRE HISTOIRE ?

Trouvez et décrivez une situation que vous avez vécue, au sujet de laquelle vous pouvez faire aujourd'hui le constat du processus alchimique.

Le moment où le « non-agir » était en place et ce dont vous avez pris conscience.

Le moment où l'« agir » était en place et ce que vous avez fait.

Le moment où le « laisser-agir » laissait place à ce qui devait être et ce à quoi vous avez laissé la place.

Le résultat de ce processus alchimique.

ET SI C'ÉTAIT À REFAIRE AUJOURD'HUI ?

Compte tenu de toutes mes compréhensions, mes connaissances et mes savoir-faire acquis sur le sujet, que changerais-je ?

OBJECTIF 8

JE GAGNE EN SOUPLESSE POUR ÊTRE DANS LE MOUVEMENT DE LA VIE

▼ PROGRAMME

▼ À L'ISSUE DE CE CHAPITRE, JE SERAI CAPABLE DE

- ☑ Remobiliser mon énergie pour continuer d'avancer dans ma vie
- ☑ Pratiquer des exercices visant à m'aider à m'apaiser de situations passées
- ☑ Faire corps avec des valeurs favorisant le détachement et la confiance en la vie

1 DU DÉSESPOIR À LA FOI

> Ceux qui n'ont pas trouvé la vraie richesse, qui est une joie radiante, une paix profonde, le sentiment d'être relié à quelque chose d'immense et d'indestructible, quelque chose qui, paradoxalement, est essentiellement soi mais pourtant bien plus grand que soi, sont des mendiants, même s'ils possèdent des richesses.
>
> *Dominique Loreau*

Être dans le courant de la vie n'est pas toujours chose facile, car nos blessures et nos rancœurs nous retiennent souvent sur le côté des berges. Nous avons donc à « guérir » de nos blessures affectives. Pour cela, nous avons à pardonner lorsque c'est nécessaire, afin de nous affirmer dans notre propre individualité et notre réalité.

Conte (auteur inconnu)

Il était une fois un brave garçon du nom de José qui avait choisi, comme défi de vie, d'expérimenter le lâcher-prise. Il avait presque tout lu et tout entendu sur ce vaste sujet de l'abandon à Dieu et sur la confiance totale à accorder à ses guides et à toutes les formes d'aide venues d'en haut. Il avait également suivi une multitude de cours traitant de ce thème afin de parvenir à son but : se laisser couler dans le grand fleuve de la vie. Malgré tous ses efforts, le résultat tardait à venir, car toutes les connaissances que José avait acquises s'accrochaient désespérément à son mental. Les efforts qu'il mettait à vouloir s'abandonner à la vie en toute situation l'avaient fatigué, aussi lança-t-il un dernier cri de désespoir avant d'abandonner définitivement le combat. Sans le savoir, en agissant ainsi, il avait vraiment lâché prise pour une des rares fois de sa vie. Dieu entendit ce vibrant appel venant du cœur de l'un de ses enfants et, de son souffle magique, il transporta José au pied d'une chute dont Lui seul connaissait l'existence édénique. Ne cherchant surtout pas à comprendre ce qui se passait, José se contenta d'écouter la voix magique qui émanait de la cascade dans laquelle baignaient ses pieds.

– N'as-tu pas l'impression d'être souvent en équilibre au-dessus d'une telle chute et de craindre de tomber dans le vide ? Depuis des années, tu te déclares prêt à l'action. Tu demandes inlassablement d'être précipité dans le courant de la vie pour accomplir ta mission, mais tu résistes quand vient le temps de l'accomplissement, car au fond, tu as peur ! Tu es comme cette branche là-haut, accrochée au gros rocher sur ta droite, tu la vois ?

José vit effectivement un petit bout de bois suspendu tout en haut de la chute, qui semblait se retenir désespérément aux rochers pour ne pas être entraîné dans le vide.

– Cette branche que tu vois là-haut, reprit la voix intérieure, c'est toi qui t'agrippes continuellement à tes préjugés. Tu laisses ainsi le champ libre à ta peur de l'inconnu, et celle-ci te mène alors allègrement par le bout du nez. Lorsque ton cœur t'incite à faire un pas en avant en t'abandonnant totalement à la vie, ne luttes-tu pas avec toute la force de ton mental pour retarder le moment où tu devras passer à l'action ?

José se reconnut parfaitement dans cette description et sourit malgré lui.

– Au nom de la prudence, tu rames à contre-courant en feignant d'ignorer la réalité. Tu t'épuises à lutter contre l'inévitable jusqu'à ce que tu te retrouves complètement exténué et au bord du désespoir... C'est à ce moment que tu cesses d'exercer ton emprise sur ta vie et que tu es entraîné dans le courant de la chute.

La voix se tut et, au même moment, la petite branche qui avait attiré l'attention de José était projetée dans le gouffre.

– Regarde maintenant à tes pieds, reprit l'inspiration magique.

José baissa les yeux pour remarquer le morceau de bois qui tournoyait dans l'eau.

– Après chaque épreuve, cher José, as-tu remarqué que la vie te réservait toujours un temps de repos ? Durant cette période d'accalmie, tu as tout le loisir de refaire tes forces et tu peux en profiter pour tirer des leçons de l'expérience que tu viens de vivre. À l'image de la branchette qui, après sa dégringolade, s'est laissée bercer par les remous purificateurs, tu dois prendre le temps de te reposer. Ensuite, tu pourras laisser le courant de ta vie te propulser un peu plus loin, jusqu'à la prochaine chute que tu rencontreras. Tu pourras franchir les suivantes avec de plus en plus de facilité et un jour, sans que tu t'en aperçoives, tu iras de cascade en ruisseau et de ruisseau en fleuve, et tu arriveras à la mer, frais et dispo. Comme tu seras en pleine possession de tes moyens, tu pourras profiter pleinement des années d'abondance qui s'ouvriront à toi et qui compenseront les efforts que tu auras fournis. Ton corps sera peut-être usé par certaines descentes plus abruptes que d'autres, mais ton cœur aura encore envie de s'émerveiller devant toutes ces petites choses qui rendent la vie magique quand on y mord à belles dents.

La voix se tut, laissant le bruissement de l'eau compléter l'enseignement.

J'ACCEPTE MES FISSURES AFFECTIVES

Dans toutes ces situations où vous avez du mal à lâcher prise, votre cœur se refroidit. Il se referme à la vie, aux expériences, à l'autre. Affecté par les colères, les rancunes, les tristesses, il souffre. Impossible alors de donner un sens à ce que vous vivez, tellement le désespoir peut être présent, alors que c'est ce qui permettrait de lâcher prise beaucoup plus vite, et ainsi de sortir de la fissure affective créée par la situation. Chaque désespoir vécu est un appel à la transformation. Utilisez les forces que vous avez alors pour calmer le jeu, stopper votre volonté de..., pleurer les pertes et examiner votre manière de réagir dans cette situation. Permettez-vous de rouvrir la porte de votre cœur afin que le flot d'amour circule à nouveau en abondance.

> La quête de sens est la force motivationnelle première chez l'être humain.
>
> *Miriam Greenspan*

JE PARDONNE

Le pardon est un ingrédient du lâcher-prise. Il permet la véritable transition intérieure, d'une forme de résistance vers une acceptation de la nouveauté.

Pardonner ne veut pas dire tout permettre et tendre l'autre joue pour qu'elle soit frappée. Dans le pardon, il y a l'acte de s'apaiser de la colère envers celui qui a suscité la douleur, qui est un véritable poison pour soi, mais aussi l'acte de tout mettre en place pour que la situation ne se reproduise pas.

Pardon, compassion, empathie, bienveillance envers soi et envers autrui sont des attributs importants pour sortir de la désolation.

Voici deux exercices qui peuvent vous aider à réparer vos fissures affectives et à pardonner.

EXERCICE Le processus Z-Point

Le Z-Point, ou ZPP, est un procédé très simple, créé par Grant Connoly, qui permet de panser les anciennes blessures, sources de chagrin, de colère, de regrets, de déceptions et autres, afin de lâcher prise de ces émotions douloureuses et de retrouver la paix intérieure. Pour commencer, on choisit un mot-clé sans connotation particulière, comme « libérer », « supprimer », « soulager », « liberté » ou « lumière », puis on donne des instructions à son subconscient. Nettoyer la fissure émotionnelle permet qu'elle se referme et ouvre de nouvelles perspectives à la relation.

À VOUS

PREMIÈRE ÉTAPE

Je donne les instructions à mon subconscient

→ Lisez à haute voix le texte suivant, en étant bien concentré.

J'installe maintenant en toi, mon subconscient, la puissante volonté de me libérer parfaitement de tout ce que je t'indique en prononçant mon mot-clé, silencieusement ou à voix haute. Dès que tu l'entendras, tu effectueras un nettoyage complet et pleinement sécuritaire de toutes les raisons et composantes du problème que je te signale, et pour lequel j'ai du mal à lâcher prise, plongeant au plus profond de mon être tandis que je frappe du doigt quelque chose en disant mon mot-clé.

DEUXIÈME ÉTAPE

Je décide quelle relation est à traiter

→ Notez par écrit le nom de la personne impliquée dans cette relation. Faites en sorte que votre subconscient sache exactement ce dont vous désirez lâcher prise.

____

____

→ Sur une échelle de 1 à 10, notez l'intensité émotionnelle associée à cette relation telle que vous la vivez en ce moment même.

→ Lisez les phrases suivantes, en répétant à voix haute ou silencieusement votre mot-clé pendant environ 30 secondes tout en tapotant doucement du bout des doigts quelque chose, par exemple votre genou, votre avant-bras, la table ou la chaise.

→ Restez attentif aux messages de votre corps et à tout signe d'apaisement.

Je me libère...

☑ **Je me libère** de toutes les raisons qui me poussent à ressentir autre chose que de l'amour pour [*nom de la personne*].
→ Répétez votre mot-clé et tapotez doucement quelque chose.

☑ **Je me libère** de tous les comportements qu'occasionnent ces raisons.
→ Répétez votre mot-clé et tapotez doucement quelque chose.

☑ **Je me libère** de toutes les émotions liées à ces raisons et comportements. *Ces émotions comprennent : colère, jugement, accusation, sanction, honte, regrets, remords, déception, culpabilité, ressentiment, peur et impossibilité d'oublier et de pardonner. Vous pouvez bien sûr ajouter d'autres émotions.*
→ Répétez votre mot-clé et tapotez doucement quelque chose.

☑ **Je me libère** de toutes les raisons qui me poussent à ressentir de la colère envers ... [*nom de la personne*].
→ Répétez votre mot-clé et tapotez doucement quelque chose.

☑ **Je me libère** de toutes les raisons qui me poussent à juger [*nom de la personne*].
→ Répétez votre mot-clé et tapotez doucement quelque chose.

☑ **Je me libère** de toutes les raisons qui me poussent à vouloir punir [*nom de la personne*].
→ Répétez votre mot-clé et tapotez doucement quelque chose.

☑ **Je me libère** de toutes les raisons qui me poussent à vouloir blâmer [*nom de la personne*].
→ Répétez votre mot-clé et tapotez doucement quelque chose.

☑ **Je me libère** de toutes les raisons qui me poussent à avoir honte de [*nom de la personne*].
→ Répétez votre mot-clé et tapotez doucement quelque chose.

☑ **Je me libère** de toutes les raisons qui me poussent à ressentir de l'aversion pour [*nom de la personne*].
→ Répétez votre mot-clé et tapotez doucement quelque chose.

☑ **Je me libère** de toutes les raisons qui me poussent à me sentir coupable de quelque chose en relation avec ... (*nom de la personne*).
➜ Répétez votre mot-clé et tapotez doucement quelque chose.

☑ **Je me libère** de toutes les raisons qui me poussent à avoir peur de (*nom de la personne*).
➜ Répétez votre mot-clé et tapotez doucement quelque chose.

☑ **Je me libère** de toutes les raisons qui m'empêchent de pardonner à (*nom de la personne*).
➜ Répétez votre mot-clé et tapotez doucement quelque chose.

☑ **Je me libère** des comportements qu'occasionnent toutes ces raisons.
➜ Répétez votre mot-clé et tapotez doucement quelque chose.

☑ **Je me libère** de toutes les émotions liées à toutes ces raisons et comportements.
➜ Répétez votre mot-clé et tapotez doucement quelque chose.

➜ Mesurez maintenant l'intensité de votre stress, entre 0 et 10.

0 | 1 | 2 | 3 | 4 | 5 | 6 | 7 | 8 | 9 | 10

Quel constat faites-vous par rapport à votre état avant la séquence ?

____

____

____

____

Notez ici les ressentis et les impressions qui sont maintenant les vôtres.

____

____

____

____

(Revenez à la page 139 pour continuer votre cheminement en huit escales)

EXERCICE Le rituel hawaïen du pardon, *ho'oponopono*

Ho'oponopono est une pratique traditionnelle hawaiienne dont la visée est de rétablir l'harmonie là où elle a été bousculée. Elle peut être utilisée pour retrouver un sentiment d'unité en soi, au-delà des fissures créées par un conflit intérieur ou par des blessures émotionnelles, au-delà des paradoxes mentaux qui font que nous n'osons plus avancer, au-delà des culpabilités et des regrets des actes qu'on aurait dû faire mais qu'on n'a pas faits.

Cette pratique implique de se concentrer sur quatre étapes…

- « **Je suis désolé** » vous permet d'accepter la responsabilité de votre vie. Vous acceptez d'avoir participé à la situation et regrettez sincèrement d'avoir contribué à une situation de non-paix.
- « **Je me pardonne** » vous aide à sortir de la séparation et de la blessure pour retrouver le sens de l'unité et de la paix.
- « **Je remercie** » alimente en gratitude tous les éléments intervenant dans la situation, évitant ainsi de lutter contre la vie.
- « **Je m'aime** » est un fort signe de reconnaissance qui vous permet de vous accueillir en toute humilité dans votre « importance ».

À VOUS

➜ Après avoir bien posé les tenants et les aboutissants de la situation pour laquelle vous avez des difficultés à lâcher prise (revoyez votre plan d'action, page 127), **exprimez à voix haute les phrases suivantes…**

☑ J'ai le droit, dans cette situation, de lâcher prise de tout ce qui m'encombre, m'obsède, m'annihile, me restreint, me blesse, me fait du mal.

☑ J'ai le droit de me sentir bien dans mes convictions profondes, d'être heureux, paisible, joyeux et libre.

☑ Je devrais donc être moi, porteur de mes valeurs, exprimant ma vraie nature, qui n'est aucunement en relation avec ce que j'ai appris de mon éducation.

☑ Je suis ici pour m'étendre, m'épanouir, être moi, sur tous les plans de ma vie.

➜ **Continuez en disant…**

☑ Je suis désolé de me limiter, de rester dans mes tourments, d'avoir du mal à lâcher prise.

☑ Je demande pardon parce que :

je me punis inutilement
je me sabote
je m'emprisonne
j'accepte l'intolérable
je me limite
je ne me respecte pas

→ **Je demande à ma sagesse profonde** de panser mes blessures de toutes sortes en relation avec mon manque de lâcher-prise.

→ **Je remercie la situation rencontrée :**

de me montrer les voies de ma libération
de m'offrir une occasion de gagner en liberté intérieure
de m'apprendre à être dans le mouvement de la vie
de me permettre de me rapprocher de ma puissance créative
de mieux vivre l'instant présent

→ **J'affirme que :**

j'ai le droit de m'aimer
j'ai le droit d'aimer
j'ai le droit de vivre du plaisir
j'ai le droit de vivre de la joie
j'ai le droit de vivre de la paix
j'ai le droit de vivre de l'amour
je m'aime

Vous pouvez, bien sûr, compléter chacune de ces étapes avec les phrases qui vous viennent en tête.

(Revenez à la page 139 pour continuer votre cheminement en huit escales)

2 JE M'AFFIRME DANS MA RÉALITÉ

Ton cœur te sera de plus grand conseil que l'opinion de tous les érudits du monde.

Le Talmud

Plus vous vous affirmez dans votre individualité et dans votre autonomie affective, plus vous gagnez en lâcher-prise.

L'individualité est une valeur essentielle dans la construction de la personnalité. Elle implique de nous respecter et de nous aimer, tout en reconnaissant notre importance au même titre que l'autre. Elle se renforce parce que nous nous apaisons de nos souffrances, mais aussi parce que nous prenons conscience de nos capacités et de notre valeur, que nous apprenons à les déployer en nous, avec la volonté de les affirmer dans notre monde. C'est elle qui permet de ne pas perdre pied lorsqu'une situation nous bouscule. C'est elle qui nous aide à garder foi dans la vie.

CE QUE LA VIE M'APPREND : LA CONFRONTATION À LA RÉALITÉ

Même si nous vivons dans un monde qui semble dépourvu de sens, un monde où tout semble fonctionner à l'envers, où des valeurs fondamentales comme le respect, l'honnêteté, le sacré de la vie, perdent de leur intérêt, ce sont pourtant toutes ces situations qui nous confrontent à notre capacité de lâcher prise et nous permettent de vérifier où nous en sommes. Chaque expérience nous montre où en sont notre espoir et notre foi en un meilleur.

La foi se gagne un peu plus à chaque fois que nous réussissons à dépasser nos ombres, nos contrariétés, nos obstinations. Chaque pas réalisé nous fait avancer vers une plus grande présence à nous-mêmes, une plus grande clarté et une plus grande connaissance de notre fonctionnement intérieur. Chaque acte posé dans le lâcher-prise permet de choisir la vie et la joie en dépit de tout.

C'est en cela que l'être humain est incroyable et merveilleux ! Grâce à cette capacité de rebondir quelles que soient les situations vécues tout en gagnant davantage de liberté intérieure et de confiance en son existence.

EXERCICE Je fais corps avec des valeurs essentielles

→ Installez-vous confortablement, en position assise ou debout, les pieds écartés de la largeur du bassin.

→ Prenez un temps pour vous recentrer, à partir de la respiration par exemple.

→ Prenez conscience du mouvement de votre respiration et suivez pendant quelques instants le flux de votre respiration.

→ Intériorisez-vous un peu plus. Relaxez davantage votre tête, votre visage, vos épaules, votre thorax, votre abdomen et le bas du corps, tout en conservant, si vous êtes debout, une légère tension dans les jambes.

→ Pensez maintenant à ces valeurs qui sont importantes pour le lâcher-prise, **la foi, la liberté, l'amour.** Laissez venir les idées qui surgissent dans votre esprit... ce que veut dire pour vous la foi dans vos sensations et vos ressentis, la foi dans vos capacités, la foi en la vie... la liberté de penser, la liberté d'être, la liberté d'agir... l'amour, sa chaleur, sa bienveillance, sa complicité... Toutes ces valeurs ne sont pas que dans votre tête, dans votre esprit, elles sont aussi dans votre dimension corporelle. Vous pouvez les stimuler avec votre intention et la mobilisation de votre corps.

→ En commençant par la partie basse du corps, contractez les muscles de vos jambes et de votre bassin, puis relâchez. Contractez ensuite votre abdomen et relâchez. Serrez les muscles de votre thorax et relaxez. Tendez les muscles de votre nuque et de vos épaules, puis décontractez. Serrez les muscles de votre visage, puis desserrez-les.

→ Maintenant, tout en restant concentré sur vos valeurs, levez les bras en V vers le ciel, paumes des mains ouvertes, tête légèrement basculée en arrière. Essayez de vous mettre en relation avec votre environnement, avec l'univers, comme si vous l'embrassiez entièrement, au-delà de l'intellectualisation... et mettez vous en relation avec toutes ces valeurs qui se trouvent aussi là, quelque part. Maintenez cette position pendant quelques minutes, puis redescendez doucement les bras et les mains paumes tournées vers votre corps, du devant de la tête au-devant de la gorge, puis au-devant du thorax, de l'abdomen, du bassin, et laissez-les se placer dans leur position initiale. C'est comme si vous choisissiez d'incorporer davantage ces valeurs.

→ Prenez un petit temps pour considérer cette expérience, pour observer vos sensations, vos impressions, les sentiments positifs présents en vous en cet instant. Terminez la séance en vous étirant plusieurs fois de suite et en respirant profondément, puis ouvrez les yeux.

Décrivez vos sensations, vos ressentis, votre ambiance intérieure...

Quel constat faites-vous ?

EXERCICE La marche des trois pas

➜ Installez-vous confortablement, en position debout, les pieds écartés de la largeur du bassin.

➜ Prenez un temps pour vous recentrer, à partir de la respiration par exemple.

➜ Prenez conscience du mouvement de votre respiration et suivez pendant quelques instants le flux de votre respiration.

➜ Intériorisez-vous un peu plus. Relaxez davantage votre tête, votre visage, vos épaules, votre thorax, votre abdomen et le bas du corps, tout en conservant une légère tension dans les jambes.

➜ Préparez-vous maintenant à effectuer trois pas en conscience et à méditer sur chacun des pas effectués. Placez le poids de votre corps sur votre pied droit pour en prendre conscience, puis revenez au centre, sur vos deux pieds. Inspirez par le nez, retenez votre respiration et, pendant ce temps, contractez légèrement votre corps. Expirez par la bouche et avancez votre pied droit d'un pas. Réfléchissez à la symbolique de ce premier pas… Le déséquilibre nécessaire pour pouvoir avancer… Le fait d'oser changer de position… L'équilibre qui se retrouve lorsque le pied se pose au sol…

➜ Placez maintenant le poids du corps sur votre pied gauche pour en prendre conscience. Revenez au centre, sur vos deux pieds. Inspirez par le nez, contractez le corps, expirez par la bouche et avancez le pied gauche d'un pas. Réfléchissez sur la symbolique de ce deuxième pas… Le déroulement est connu… Le pas peut être plus assuré… La confiance nouvelle en soi qui permet d'avancer… Une nouvelle expérience …

➜ Placez à nouveau le poids du corps sur votre pied droit pour en prendre conscience. Revenez au centre, sur vos deux pieds. Refaites l'exercice à votre rythme, en réfléchissant à la symbolique de ce troisième pas…

➜ Prenez un petit temps pour globaliser cette expérience, en position debout ou assise : observez vos sensations, vos impressions, les sentiments positifs présents en vous en cet instant. Quel constat faites-vous ?

➜ Terminez la séance en vous étirant plusieurs fois de suite et en respirant profondément, puis ouvrez les yeux.

Décrivez vos sensations, vos ressentis, votre ambiance intérieure...

____

____

____

Quel constat faites-vous ?

____

____

____

Ainsi, en faisant corps avec vos valeurs essentielles, en acceptant d'avancer vers l'inconnu, avec une confiance et une foi nouvelles, vous avez œuvré dans votre lâcher-prise. Vous avez gagné en liberté et en respect de vous-même.

3 MON ÉLOGE DU LÂCHER PRISE

Vous arrivez à la fin de cet atelier sur le lâcher-prise !
Maintenant que vous avez exploré, expérimenté cette capacité, que vous avez pratiqué, parfois réussi, parfois échoué, dans tous les cas que vous avez appris sur le sujet – et je vous remercie d'avoir joué le jeu –, êtes-vous prêt à faire l'éloge de cette merveilleuse aptitude ?

Dans ce cas, construisez votre éloge à partir de la trame d'écriture ci-dessous.
Bonne inspiration !

→ Il y a de cela (*notion de temps*) ______________________, il était ______________

______________________________ que ______________________________________

→ Certes ____

→ En dépit des ______________________ et des ______________________, ___

____________________ la ______________________ allait sans cesse ____________

____

→ De plus en plus fréquemment, depuis ______________________________________

→ Certains même vont jusqu'à ____

→ En dépit des ______________________, je suis de ceux qui ________________

________________, et ils sont heureusement encore nombreux, que ______________

____

→ La ______________________ est en outre, et c'est l'un de ses plus hauts titres, un

____

→ Il n'est pas, selon moi ______

→ Et on pourrait se demander si ______

→ Si ______ , c'est sur les ______ que ______

______

→ En réalité, il serait plus ______ de [*faire porter ce jugement*] non sur la ______

______ , mais sur les ______

→ [*Mettez ici des exemples et contre-exemples montrant qu'effets positifs et négatifs se contrebalancent*] ______

→ En fait, il est indéniable que ______

→ Suffirait-il donc, comme il a été suggéré, de ______ ,

de ______ et de ______ ?

→ Il est certain que ______

→ Mais ______ nous savons que ______

→ Il est important de ______ et de ______

→ Pour pouvoir combattre efficacement ______ ,

il nous faut ______

→ Non seulement il serait fou de ______ , mais il nous faut, au contraire, ______

→ Et c'est ce que j'aime dans cet aspect ______

______

CONCLUSION

Autobiographie en cinq actes de Portia Nelson

1er acte

Je descends la rue. Il y a un trou profond dans le trottoir. Je tombe dedans. Je suis perdu... Je suis désespéré. Ce n'est pas ma faute. Il me faut longtemps pour en sortir.

2e acte

Je descends la même rue. Il y a un trou profond dans le trottoir. Je fais semblant de ne pas le voir. Je tombe dedans à nouveau. J'ai du mal à croire que je suis au même endroit, mais ce n'est pas ma faute. Il me faut encore longtemps pour en sortir.

3e acte

Je descends la même rue. Il y a un trou profond dans le trottoir. Je le vois bien. J'y retombe quand même... C'est devenu une habitude. J'ai les yeux ouverts. Je sais où je suis. C'est bien ma faute. Je ressors immédiatement.

4e acte

Je descends la même rue. Il y a un trou profond dans le trottoir. Je le contourne.

5e acte

Je descends une autre rue...

On ne peut jamais vraiment savoir quand un vieux schéma de contrôle sur les choses va lâcher, mais mon expérience me montre qu'en mettant de la conscience sur les situations de vie rencontrées, cela va aider à mieux observer en neutralité ce que nous sommes en train de vivre, c'est-à-dire sans jugement et sans a-priori. Le retour à soi est aussi toujours un élément capital dans l'exercice de la faculté de lâcher prise, mais il n'est pas suffisant. En le reliant à une mise en pratique d'exercices d'apaisement émotionnel, de reconsidération de croyances limitantes ou de visualisation, ce sera l'ingrédient complémentaire pour ouvrir le champ de nouveaux savoir-faire afin de vivre de nouvelles situations de vie plus faciles et plus réjouissantes.

CADEAU

Mario Dugay [www.marioduguay.com] est un artiste peintre qui produit de magnifiques jeux de cartes porteurs de messages éclairants. J'en ai choisi quelques-uns autour du thème du lâcher-prise. Considérez chacun de ces messages et choisissez celui qui vous soutiendra même dans les moments où l'espoir du lâcher-prise sera peut-être perdu. Choisissez celui qui vous élèvera et vous rendra joyeux alors que vous aurez réussi la plus grande aventure de votre vie, celle d'avoir retrouvé la joie et la sérénité dans votre expérience !

Accueil et lâcher-prise J'accueille toute situation sans combat, sans colère ni jugement. Rien n'est là pour me détruire, mais plutôt pour me faire grandir. Je ne résiste pas à ce que la vie me présente, car derrière chaque épreuve se dévoile le passage vers une guérison. Je garde la foi, car je sais que la vie m'apporte toujours les expériences favorables au développement de ma force spirituelle.

Tout se placera Je lâche prise sur les peurs qui m'envahissent et je remets toutes mes inquiétudes entre les mains de la vie. Mes pensées ou émotions négatives s'opposent à mon entière splendeur. Dans le détachement et l'accueil, je fais entièrement confiance à la vie, sachant que même si mon ego n'y croit pas, tout se placera par magie, pour le plus grand bien.

L'instant présent Je cesse de m'inquiéter du futur ou de souffrir des expériences du passé. Je tire les leçons positives de mes expériences et je vois la magie de la vie. Je vis pleinement le merveilleux et la béatitude éternelle du moment présent, en demeurant dans cette force de lumière.

Je crois en moi Je me fais confiance et j'avance vers ma réussite, sans être limité par mes peurs et mes croyances. Je suis unique. Je chemine et je progresse selon l'élan de mon cœur, peu importe ce que l'on dit, ce que l'on pense de moi ou ce qu'il arrive. Je ne doute jamais de ma voix intérieure. Dans l'univers, tout est possible.

Souverain Je lâche prise et je retrouve ma liberté dans le détachement de mes pensées et des émotions créées par mes peurs. Dans ma lumière, je ne me laisse plus atteindre par les événements. Je ne jette le blâme sur personne. Je suis maintenant maître de ma vie et créateur de mon harmonie. J'accueille et je laisse les situations m'apporter les connaissances qui me mèneront à ma véritable libération.

La force de la foi Je vois l'avenir d'un regard serein. J'ai la certitude que je réussirai sur tous les plans de ma vie. Je vois au-delà de tout doute et retrouve une grande paix en moi. Je vois la raison positive de tout ce qui m'arrive dans la vie. Je me déploie vers ma réalisation, dans le rayonnement de ma foi.

Avancer vers la lumière Chaque étape de ma vie est le pont vers une transformation intérieure. En traversant toute situation positivement, je graduerai à travers mon évolution. Si je traverse dans la résistance et la colère, je resterai au même point. En travaillant mes forces dans l'amour, la vérité et la sagesse, je découvrirai le réel sens de la vie.

Merci à vous d'avoir joué le jeu de la pratique... Si vous voulez être guidé par ma voix pour les exercices de méditation et de visualisation écrits dans ce livre, mais aussi si vous souhaitez me faire parvenir votre retour, retrouvez-moi sur mon blog www.authentiqueetlibre.com

Bibliographie

L'esprit est son propre médecin, Jon Kabat-Zinn et Richard Davidson, Les Arènes, 2014.

Le Pouvoir de la vulnérabilité, Brené Brown, Guy Trédaniel, 2014.

Libérez-vous, Barefoot Doctor, Poche Marabout, 2004.

Réveillez vos désirs, Pr Michel Lejoyeux, Plon, 2014.

Apprivoiser son ombre, Jean Monbourquette, Bayard, 2003.

Stratégies pour développer l'estime de soi et l'estime du soi, Jean Monbourquette, Bayard, 2003.

Petit Traité de vie intérieure, Frédéric Lenoir, Plon, 2010.

Aimer, Alain Héril, Flammarion, 2007.

Le Pouvoir du moment présent, Eckhart Tolle, Ariane, 2000.

Guérir de la détresse émotionnelle, Miriam Greenspan, Ariane, 2005.

La Voie vers la paix, Sa Sainteté le dalaï-lama, Guy Trédaniel, 1999.

« De l'intelligence émotionnelle à l'amour et le monde change... », *Science de la conscience* n° 39, 2010.

Stress, bien-être et productivité, Transcontinental Inc., 1999.

Géographie des sentiments, Vera Slepoj, Payot, 1996.

Le Langage émotionnel du corps, Roger Fiammetti, Dervy, 2004.

Les Six Clés de la confiance en soi, Nathaniel Branden, J'ai Lu, « Bien-être », 1994.

Le Chaos et l'Harmonie, la fabrication du Réel, Trinh Xuan Thuan, Folio Essais, 1998.

Du cerveau à Dieu, Mario Beauregard et Denyse O'Leary, Guy Trédaniel, 2007.

Les Nouveaux Outils de l'analyse transactionnelle, Dominique Chalvin, ESF éditeur.

Préceptes de vie, Dugpa Rimpoché, Presses du Châtelet, 1996.

50 exercices d'ho'oponopono, Virgile Stanislas Martin, Eyrolles, 2012.

« Structures et mécanismes cérébraux sous-tendant la créativité : une revue de la littérature », Grégoire Borst, Amandine Dubois et Todd I. Lubart, laboratoire Cognition et Comportement (CNRS-FRE 2987), centre Henri Piéron, université Paris V - 71, avenue Édouard-Vaillant, 92774 Boulogne-Billancourt Cedex.

Direction : Jean-Louis Hocq

Direction éditoriale : Suyapa Hammje

Édition : Gwladys Greusard

Adaptatrice : Chloé Chauveau

Fabrication : Céline Premel-Cabic

Photogravure de la couverture : Point 4

Création graphique & réalisation
intérieur & couverture : Guylaine Moi

ISBN : 978-2-263-06797-6
Code éditeur : S06797
Dépôt légal : février 2015
Imprimé par Clerc en France

Retrouvez-nous sur www.solar.fr

Solar | un département **place des éditeurs**

place
des
éditeurs